NHK
プロフェッショナル
仕事の流儀
4

命と向きあう
プロフェッショナル

編：NHK「プロフェッショナル」制作班

NHKプロフェッショナル 仕事の流儀 4

命と向きあうプロフェッショナル

目次

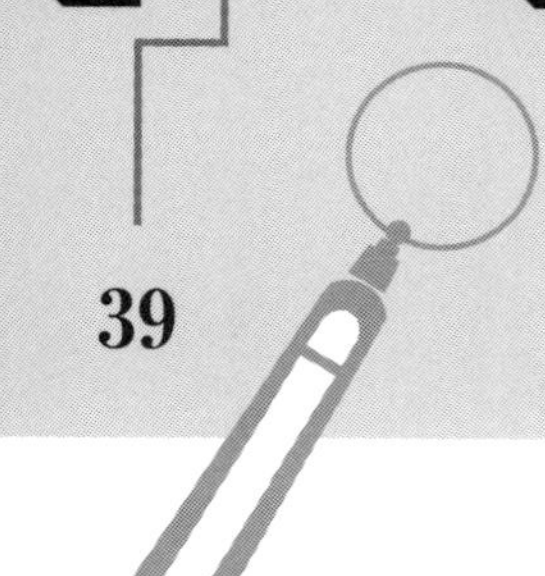

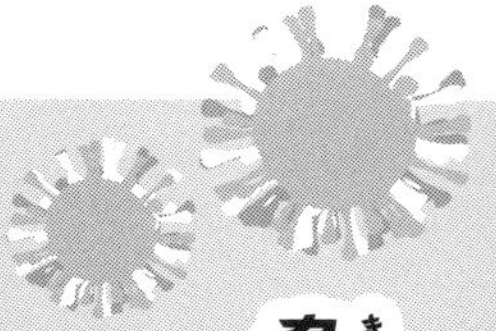

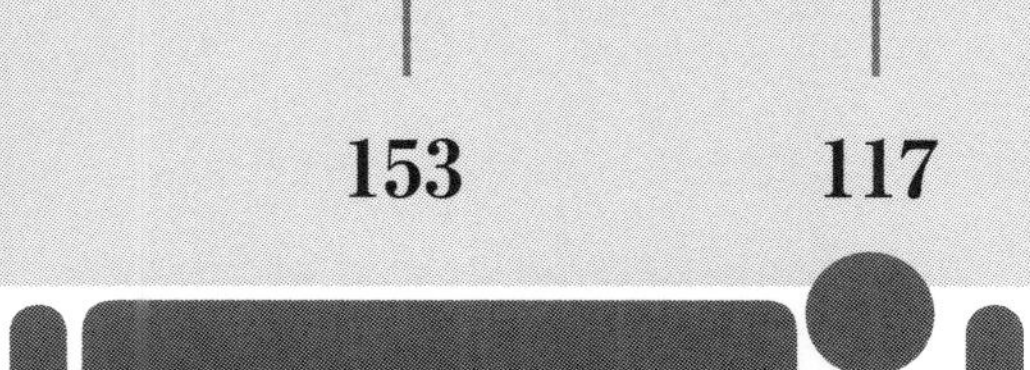

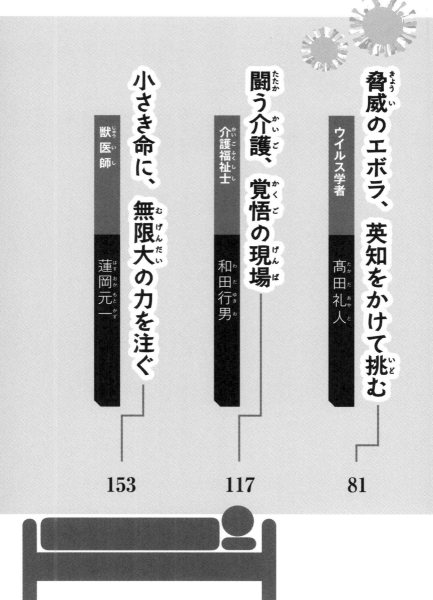

はじめに

このシリーズは、ＮＨＫで放送された番組『プロフェッショナル 仕事の流儀』を書籍にまとめなおしたものです。

番組では、さまざまな分野の第一線で活躍しているその道のプロフェッショナルたちの「仕事」をほり下げ、プロフェッショナルたちの仕事にのぞむ姿勢や、その生き方をつらぬく「流儀」を紹介しています。

4巻「命と向きあうプロフェッショナル」では、日々命に向きあい、よりそいながら、尊い命を守るために力をつくす5人のプロフェッショナルたちが登場します。

プロフェッショナルたちの仕事にのぞむ姿勢や考え方をとおして、仕事の奥深さ、働くということの魅力、プロフェッショナルたちの生き方の流儀を伝えられればと思います。

ストーリーの最後には、プロフェッショナルたちの格言をのせています。プロフェッショナルたちのことばが、これからを生きるみなさんの道しるべになることを願います。

「命と向きあうプロフェッショナル」編集部

命の神秘によりそって

助産師
神谷整子

その人の職業は、助産師。
母親と産まれてくる子、ふたつの命を預かる人生の伴走者だ。
産む力をひきだしてお産を助け、子育ての悩みをともに背負う。
かつては大病院につとめる完璧主義者だった。
お産のプロでありながら、悩み続けた我が子の出産と育児。
その後悔をいましめに、彼女は生き方を変えた。
そして出会ったのは、たくさんの母親たち。
はじめての出産にとまどう人、育児に追いつめられる人。
その晩も、そんなひとりが緊急電話をかけてきた。
出産も子育ても、思いのこすことなくやりきって欲しい。
そのために彼女はどんなささえになるのだろう。
24時間命に向き合う、その仕事の現場とは!

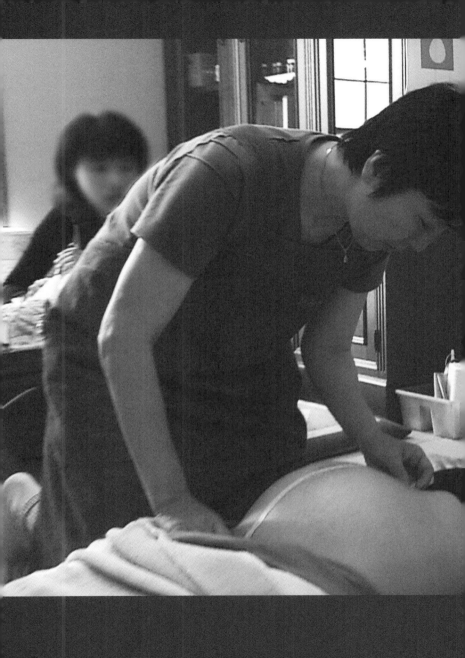

✳いっしょに走ってあげたい

ここは東京の下町。住宅街のとある家に、小さな看板がかかっています。

「みづき助産院」

それがなければ、２階建ての民家にしか見えないこの建物からは、ときおり赤ちゃんのかわいい声がひびきます。それも、産まれて最初に上げる産声が聞こえてくるのです。

「助産院」は、妊婦さんがアットホームな雰囲気の中で、リラックスして赤ちゃんを産めるようにつくられた施設です。この助産院も、ゆかには畳がしかれ、病院のような診察室も病室もありません。

物語の主役はそこで働く助産師の神谷整子さん。お産を助け、妊娠・出産・育児のサポートをしてくれる、お母さんと赤ちゃんの強い味方です。助産師は、看護師の資格をもち、出産を助ける専門技術を学んでいます。多くの助産師は、病院の産科で働いていますが、神谷さんは助産院を開業しています。

この日、神谷さんのもとに、妊娠7か月目の女性が検診にやってきました。おなかはもう、ずいぶんとふくらんでいます。

神谷さんは、入ってきた女性をひと目見るなり、こう聞きました。

「おなか、はるの？」

おなかに手を当てていることに気づいたからです。

「おなかですか？　歩きすぎるとはります」

神谷さんは、お母さんの体に異変はないか、小さなことにも目をとめています。

さっそく布団に女性を寝かせ、毛布をかけてから、その足にふれました。ふれることで、妊婦さんの体の状態を見きわめるのです。

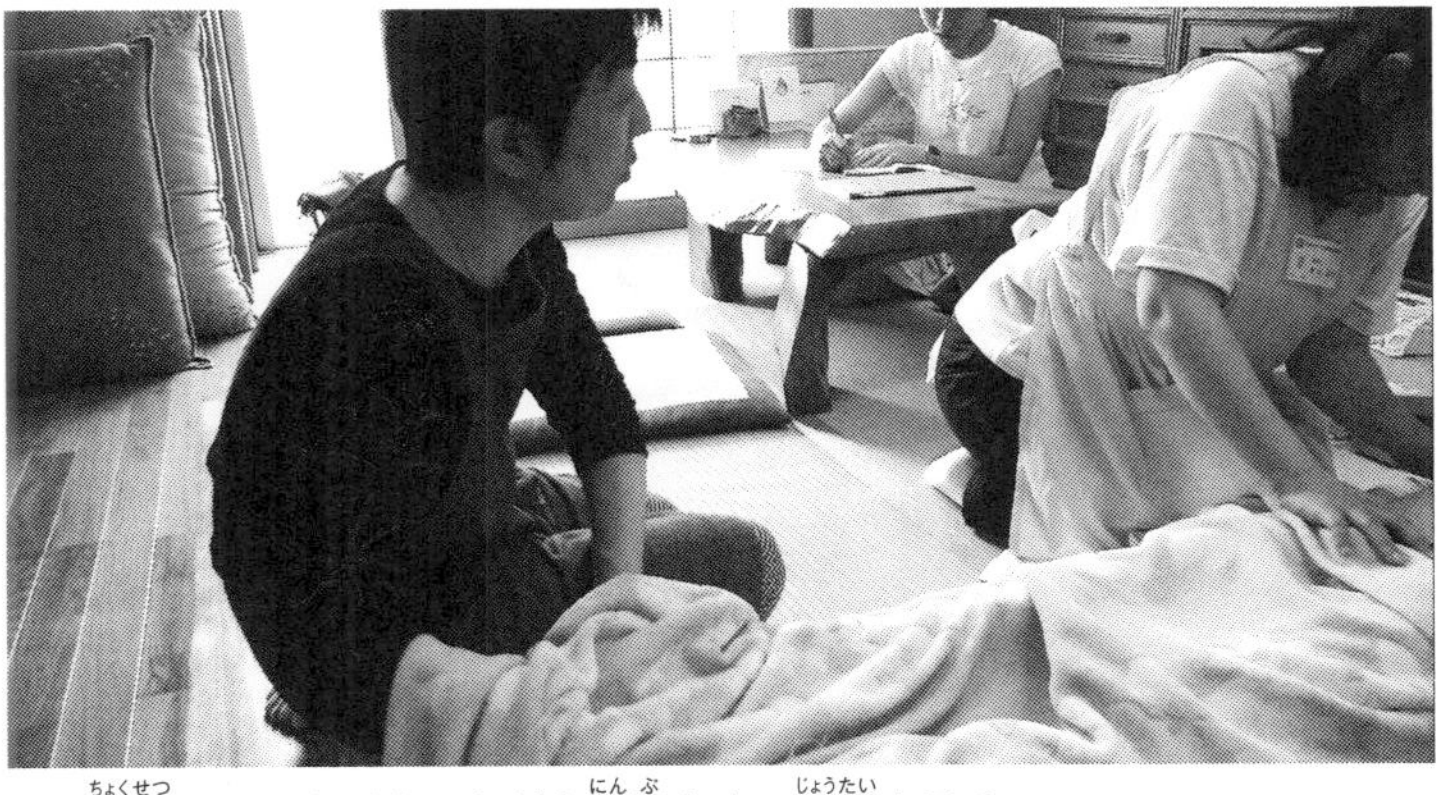
体に直接ふれ、会話をしながら妊婦さんの状態を見る。

「こんなに冷たいんだ」
「神谷さんの手、温かいですね」
「それだけあなたが冷えているんですよ」

冷えは、おなかの中で赤ちゃんのベッドになっている「子宮」という臓器を縮ませ、おなかのはりにつながります。はりが続くと、出産予定日よりも早く出産がはじまり、赤ちゃんの体重が少なく、体の臓器も未熟な状態で産まれてしまう危険があります。

助産院で助けられるのは、薬や手術の必要がない正常なお産だけ。もし、妊娠の経過におかしな点があれば、設備のととのった病院での出産に切りかえないと、お母さんと赤ちゃんのためになりません。

神谷さんは、妊婦さんの体を温めるマッサージをしながら、こう言いました。
「お母さんが気づいてないことまで気づくのが検診ですからね」

出産までの道のりは10か月。そのあいだ女性には、体と心にさまざまな変化がおきます。助産師はそれを読みとり、お産に向かって体と心をととのえる手助けをします。それはまるで、長いマラソンを走る人によりそうようで、神谷さんは自分の仕事をこうとらえていました。

助産師＝伴走者

「ひとりで走るのは心細いでしょう。となりをいっしょに走ってあげる伴走者のような気持ちで、お母さんのお手伝いをしたいんです」

神谷さんがこれまでともに走ってきた女性は１４００人以上。同じ数だけ赤ちゃんをとり上げてきました。その中には自宅で赤ちゃんを産んだ人もたくさんいます。

日本では、１９５０年代なかばくらいまで、出産は自宅でするものでした。その後、次第に病院でするものになっていきましたが、ときには自宅で、家族みんなで新しい命の誕生に向き合いたいと考える人もいます。

出産は病気の治療ではないので、お母さんと赤ちゃんが健康であれば、自分の家でも赤ちゃんを産むことはできます。家族が出産に立ち会うことは、みんなで赤ちゃんを育てていこうという気持ちを高めるメリットもあるのです。

「おじゃましまーす」

神谷さんはその日、ふたり目の出産をひかえた女性の家を訪れました。家族で赤ちゃんをむかえたいと、自宅出産を選んだ家庭です。

神谷さんが女性のおなかに器具を当てて赤ちゃんの心音を聞いていると、間もなくお兄ちゃんになる男の子がそばに寄ってきました。

お母さんのおなかに口をあて、声をかけます。

「赤ちゃんでてこーい」

お兄ちゃんも、きょうだいが産まれる瞬間に立ち会うのです。

女性はこの日が出産予定日でした。ところが、まだ産まれそうな気配はありません。赤ちゃんが産まれそうになると、子宮が縮んで、「陣痛」とよばれる痛みがおこります。最初は痛みの間かくも長く不規則で、比較的痛みも軽いのですが、だんだん痛みの間かくが短く規則的な周期になって、痛みも強くなります。女性には、その陣痛がまだありませんでした。

神谷さんは女性のおなかのふくらみをメジャーで測りました。これだけで、神谷

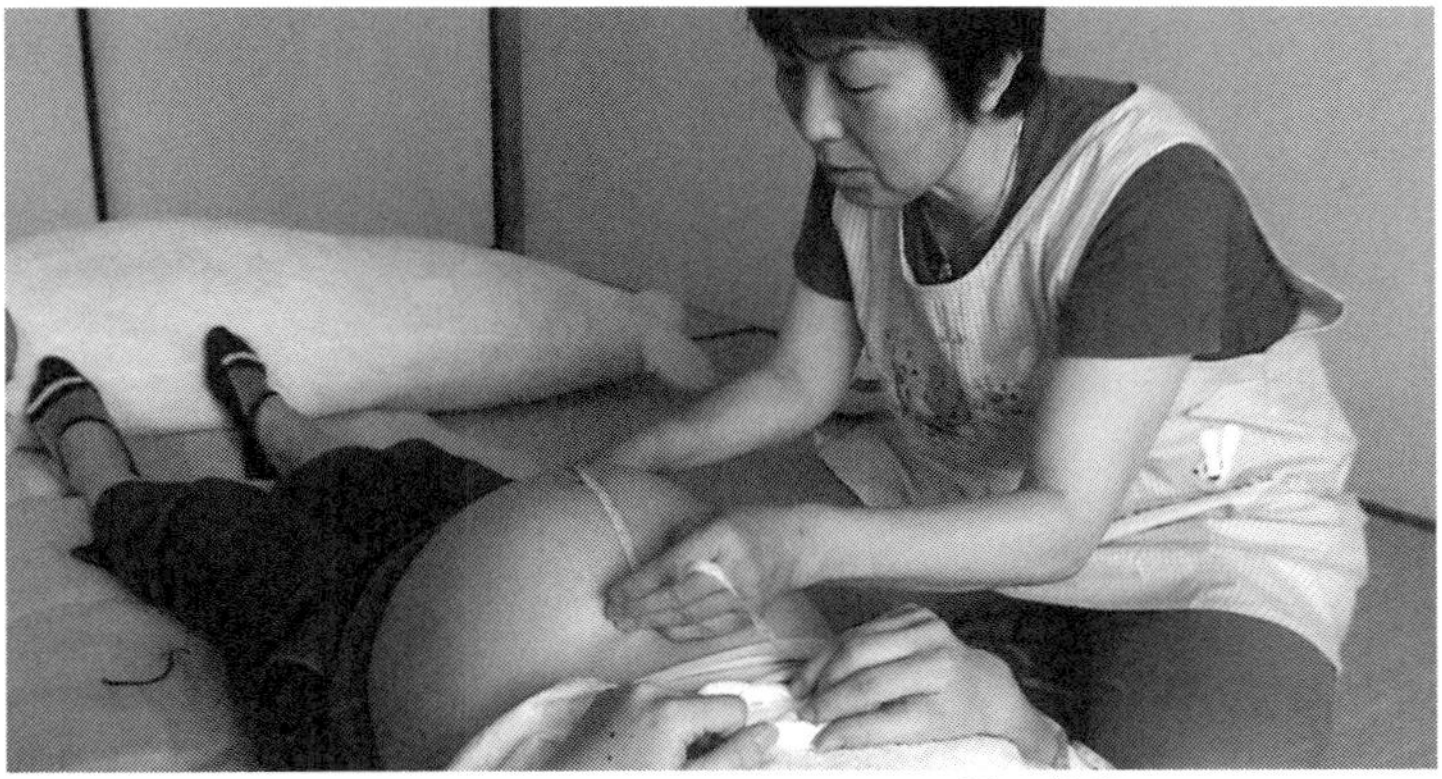

あお向けになったお母さんのおなかを、メジャーで測る神谷さん。

さんには赤ちゃんの体重がわかります。

神谷さんは、機械にたよらず、お母さんのおなかに手をふれて感じることを、とてもだいじにしています。まるで10本の指先に目があるように、赤ちゃんの発育具合や、おなかに入っている赤ちゃんの胎位（姿勢）も、手を通してわかるのです。さらに、お母さんが緊張するタイプか、それともリラックスがじょうずかなども感じます。

「いいところなんだけどなー。もうきてもらいたいんですけど」

神谷さんはそう言うと、新聞を開いて、月の満ち欠けの情報をチェックしました。

「昨日が大潮だから、いい感じなんだけど」

不思議なことですが、満月の前後の大潮の日は出産が多いといわれるのです。

神谷さんは女性を立たせると、陣痛をうながすとされる体操をいっしょにはじめました。船をこぐような動きの体操です。神谷さんは、そうやって母親の産む力をひきだしていきます。

満月の夜が明けた翌日の朝9時半。

ついに女性の陣痛がはじまりました。痛みが規則的になるのを見はからって神谷さんがかけつけると、女性は布団に横たわっていました。神谷さんはそのようすを見て、ちょっと気になりました。陣痛が思いのほか弱かったからです。

神谷さんは女性の背中をさすっていましたが、急にこう言いました。

「お茶を飲みにいってきます」

そして、神谷さんは近所へでかけてしまったのです。実は、神谷さんには考えがありました。

「ご主人とふたりのほうがリラックスできる。子宮口が開いていかなくちゃいけないのに、緊張して筋肉が固まっていれば子宮口は開いていかない。それじゃあお産が進まない」

そう思って、あえて女性とのあいだに距離をとったのです。

近所の喫茶店でお茶を飲み、40分後に神谷さんは、仲間の助産師といっしょに女性の自宅にもどりました。

女性の陣痛は3～4分おきになっていました。

「いよいよだね」

神谷さんは窓のカーテンを閉め、部屋を暗くしました。女性の気持ちをお産に集中させるためです。女性は短い間かくでおそってくる強い痛みに、「あー、あー」と大きな声を上げます。

「声をだすと、声のほうに力が入りませんか?」

神谷さんは女性の耳元で静かに問いかけました。

「……んっ。あ……、そっ……か」

「その力を、おなかのほうにいくように意識して。そっちに力が入るようにね」

神谷さんの指導に、女性は声を上げずに「うーん」とうなります。

「そうそうそう」

子どもを産むことは、お母さんにとって命をかけた仕事です。神谷さんはなんど立ち会っても、毎回自らに言い聞かせます。

経験にたよらない

たくさんの出産を見てきたからこそ、神谷さんは「だれもが同じではない」とわかっていました。

「何か変だ」と思ったときは、「だいじょうぶだろう」と思いこまず、「なんだろう?」と慎重になることがとてもだいじだと言います。自分の経験や力を信じすぎないように、神谷さんはいつも自分をいましめていました。

「痛い痛い、痛いよー!」

陣痛がはじまって6時間。女性の痛みはどんどん強くなり、苦痛に顔がゆがんでいきます。その手を夫がにぎりしめ、そばには長男がよりそいます。

命の神秘によりそって

神谷整子

神谷さんは冷静に女性を見続け、声をかけました。

「痛いけど、痛い中でも、痛くなってきたら力をぬきます」

女性は、神谷さんにかけられることばをささえに、必死に体をコントロールします。神谷さんは、女性に水分をとらせることにしました。「力水」といって、ふんばりどきに飲むと力になると、古くからいわれているものです。

長男ががんばるお母さんの汗をタオルでぬぐい、夫が水を飲ませました。

「うーん！　ふーん！」

女性が息むと、ついに赤ちゃんの頭がではじめました。

「そうそう。声だしながら」

神谷さんの声にも力が入ります。

「ふー！　ふー！」

「そうそう。声だしながら、じょうず！」

神谷さんは、力をぬくように言い、「はっはっはっはっはっはっはっ」と、呼吸をうながしました。女性は必死に、呼吸をあわせます。

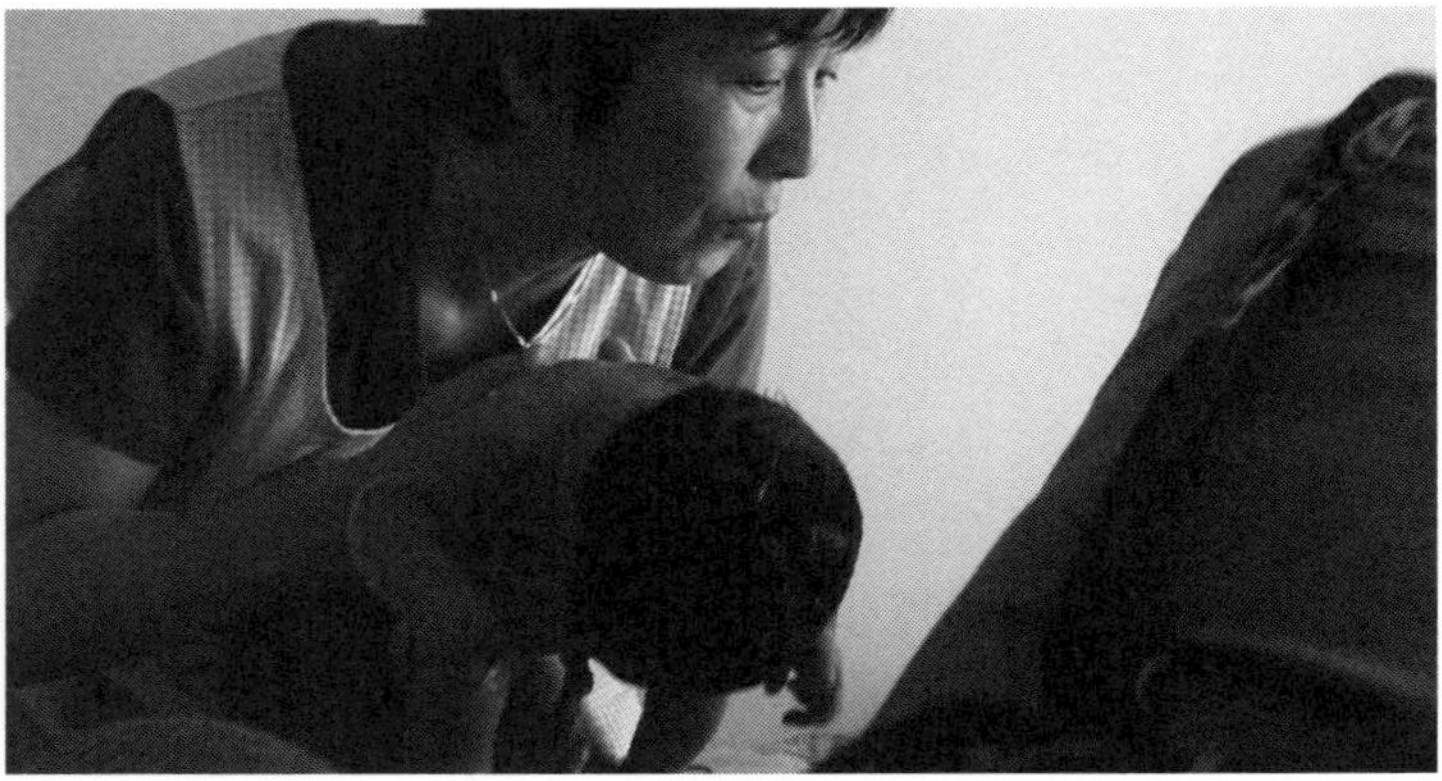

大きな産声を上げて、無事 3500 グラムの女の子が誕生した。

「はっはっはっはっはっはっ」

そしてとうとう
「ほぎゃー！　ほぎゃー！　ほぎゃー！」

赤ちゃんが誕生したのです。３５００グラムの女の子でした。

「おー、おめでとうございます！」

神谷さんはとり上げたばかりの赤ちゃんをだき、お母さんの胸に乗せました。

「ありがとうございます」

大仕事を終えた女性は、清々しい顔で赤ちゃんを受けとり、息をととのえながらこう言いました。

「思ったより早かった～」

それでも、陣痛がはじまってから7時間半

もたっていました。

神谷さんも目を細めて赤ちゃんを見つめます。なんど経験してもうれしい瞬間でした。

✴完璧をめざすのを、やめよう

神谷さんが進路を決めたのは、高校生のときでした。助産師として働く母を見て、やりがいのある仕事だと、自分もその道を選んだのです。

当時の助産婦学校で専門の勉強をしたあと、つとめたのは東京大学医学部附属病院。1日に5人の赤ちゃんをとり上げる日もあるいそがしい仕事に、誇りをもって取り組んでいました。

1年後に神谷さんは結婚し、おなかに自らの子どもを授かりました。うれしくて、赤ちゃんの服や布団は自分でつくろうと出産を楽しみにしていました。

ところが、出産をひと月半後にひかえて、仕事の休暇に入る2日前、突然、神谷さんを規則的な腹痛がおそったのです。

それは、予定日よりひと月半も早くはじまった陣痛でした。神谷さんは緊急入院となり、赤ちゃんを産みました。体重わずか2000グラムの低出生体重児。産後、神谷さんの体もなかなか元気な状態にもどらず、しばらく寝たきりの日が続いたのです。

病院を退院し、かたわらで泣き続ける小さな我が子を見ながら、神谷さんは自分が情けなくてたまりませんでした。

「お産のプロなのに、人にはえらそうに言っていても、自分のことってこんなにわからないんだ……」

1年後。ようやく仕事に復帰した神谷さんは、子育てと仕事を両立しようと歯をくいしばりました。

その後、ふたりの子どもを授かり、3児の母となっても神谷さんは仕事をやめず、子育てにも手をぬこうとしませんでした。家族の食事はほとんど手づくり。夜は、必ず子どもに絵本を読み聞かせました。睡眠時間はたったの3時間でしたが、「がんばらないとできないものだ」と思いこみ、寝る間をけずってでも完璧な母親と助産師をめざしていました。

そんなある日。

病院での当直を済ませて、自宅で仮眠をとっていた昼間、神谷さんはふと目を覚ましました。すると枕元で、子どもたちがこう言っていたのです。

「お母さんは、いつも寝ているね」

神谷さんはハッとして、同時にグサッと胸をさされた思いでした。

（わたしは、自分だけが一生懸命だと思っていたのかもしれない。子どもたちの気持ちに気づかなかった……）

神谷さんの人生は、そのとき変わりました。これまでつらぬいてきた「完璧をめざすこと」を、やめようと決めたのです。

いそがしければ、買ったおそうざいも食卓に並べます。すると、食事をつくる手間がはぶけ、気持ちも楽になって、子どもと会話できるゆとりが生まれました。

悩んだあげく、病院もやめました。それはとても勇気がいりましたが、

「あとでくやまないためにはどうしたらいいか？」

そう自分に問いかけたとき、やはりこたえはひとつ、「子育てをしよう！」だったのです。

神谷さんは近くの保健センターからの依頼を受け、昼間、短時間だけ働くことにしました。保健センターは、地域の赤ちゃんから高齢者までの健康づくりを助ける機関です。神谷さんは出産後間もない母親たちを訪問し、悩みを聞いてアドバイスをする仕事をはじめました。

そこで神谷さんは、たくさんの母親たちと出会いました。

育児が不安で、どうしていいかわからず追いつめられている母親。夫が手助けしてくれず、子育てと自分の仕事の両立につかれはてている女性。

苦しむ母親たちの気持ちが痛いほどわかった神谷さんは、いつしかこう思うようになりました。

「出産に立ち会うだけではなく、その後も母親たちに寄りそうことこそ、自分の仕事ではないか」

命の神秘によりそって

神谷整子

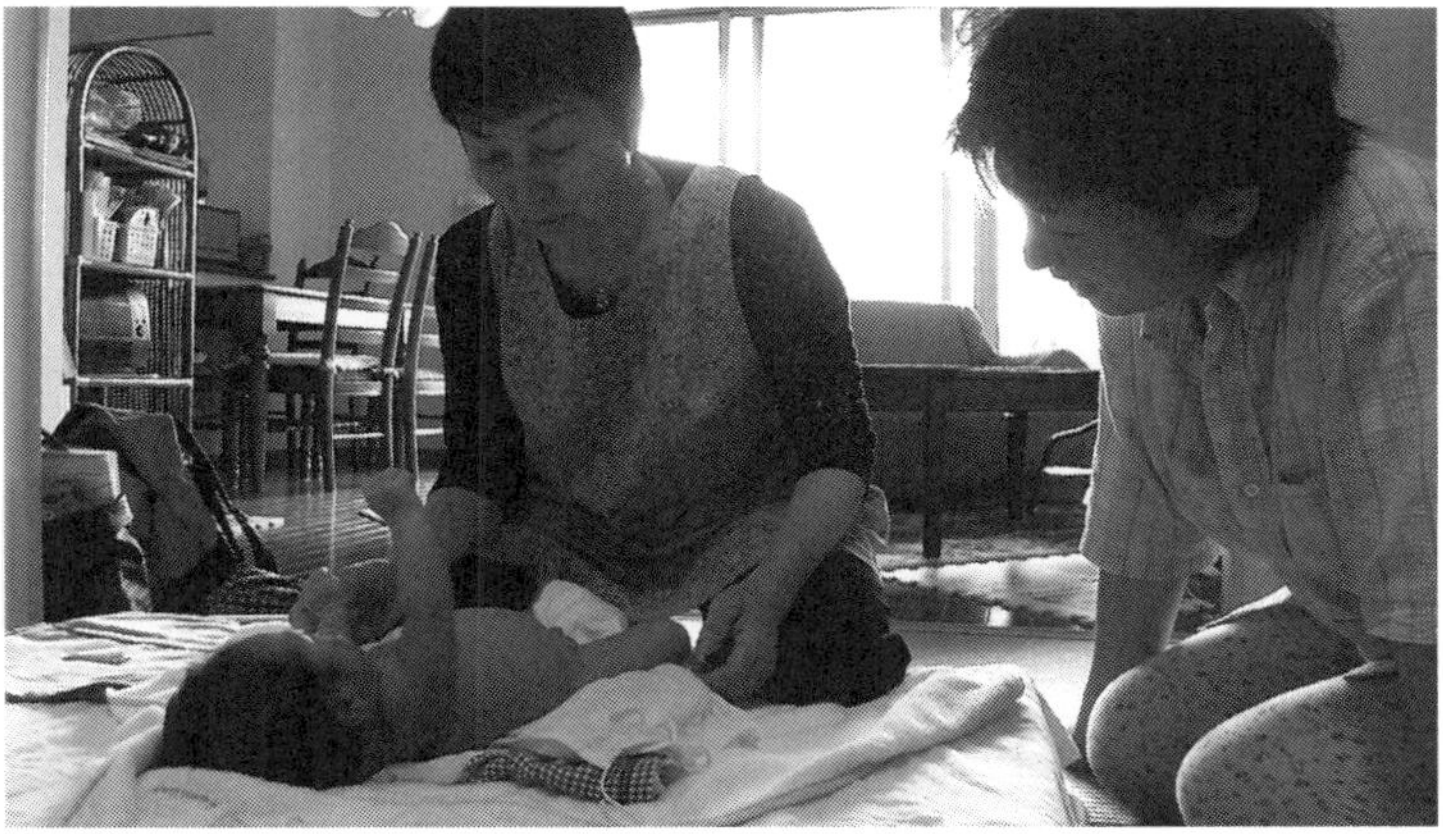

神谷さんは、母親たちの悩みにも24時間対応する。

母親たちの伴走者でありたいという神谷さんの仕事のしかたは、こうした経験から定まったのです。

子どもたちもおとなになり、子育てを終えた神谷さんは、いま、助産師の仕事に自分のすべてをかたむけています。24時間、いつよびだされるかわからない不規則な日々ですが、笑顔で乗りきる神谷さん。そのパワーの源を聞かれると、いつもこうこたえます。

「やっぱり好きだからでしょうね。お母さんと赤ちゃんの笑顔が好きだから」

そのために、神谷さんはお母さんには「じょうずに手をぬく子育て」を教えたいと思っています。

「子育てに手をぬくと子どもがいい子に育たないと思いがちだけど、お母さんがそばにいるだけで、子どもはニコニコ笑っているのよ」

そう言って、悩む母親の重荷をおろしてあげるのです。

✴重なった出産

神谷さんには、特別な心がまえで向かうお産があります。それは、はじめて赤ちゃんを産む「初産」です。

はじめてのお産は、どうなるかわからないというリスクが大きく、神谷さんは、お母さんにも妊娠中からとくに体のケアに気をつけてもらっていました。

この日神谷さんは、出産予定日を2週間後にひかえた初産の女性のもとを訪ねました。初産でしたが、自宅での出産を希望していました。

「まだ仕事をしてるの？」

テーブルにおかれた仕事の書類を見て、神谷さんはおどろいてたずねました。夫婦は音楽関係の会社につとめています。ふつう、会社などで働いている人は、出産予定日の６週間前になると、出産に備えて仕事をお休みする「産休」の期間に入ります。女性は、もういつ産まれてもおかしくないのに、まだ産休に入っていなかったのです。

「仕事、いつまで？」

神谷さんは、ちょっとあきれてたずねました。

「えっと、来週です」

「え、来週？　お産はじまったらどうするの？」

「まだでてこないでね」

そうおなかにしゃべりかける女性。神谷さんがおなかを測ってみると、赤ちゃんはかなり大きくなっていました。

「３３００。３３８０グラムくらいかな」

それを聞いて女性はおどろきました。

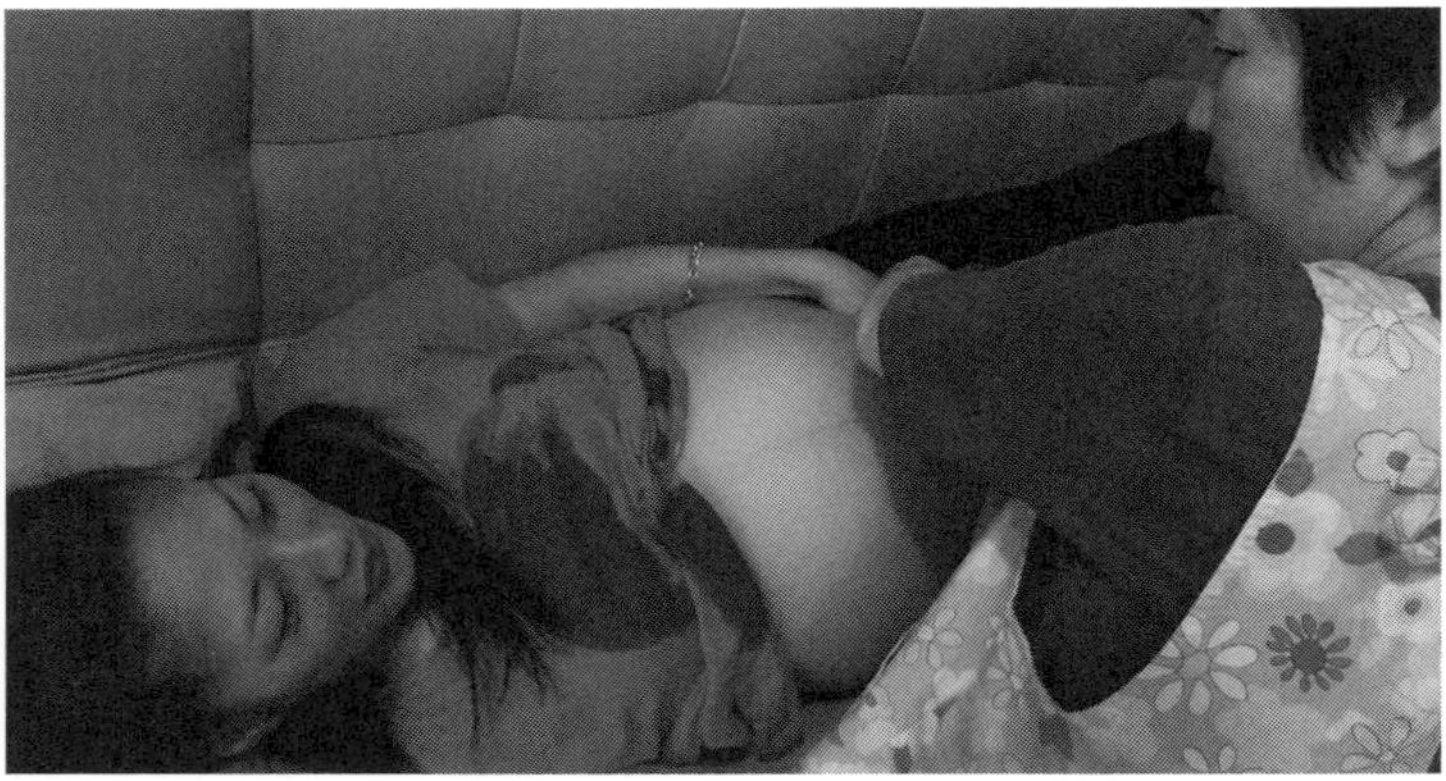

おなかをさわりながら、女性に赤ちゃんの位置を伝える神谷さん。

「頭がこんなに大きいんだよ。さわってごらん。ここが頭」

神谷さんに言われた場所を自分でふれて、女性は思わず声を上げました。

「あ、かたい！　ワオ、大きい！」

すでに今日産まれたっておかしくない時期。それでも女性は仕事のことも考えています。まだその気になっていないのです。

「もう産まれるときだっていうことを自覚しないと……」

神谷さんは女性に伝えました。

おなかの中で赤ちゃんが大きくなりすぎると、母子ともに出産が大変になります。できるだけ早く産んだほうがいいと、神谷さんは言いました。

「早めるためにできることってあるんですか？」

女性の夫も心配になって聞きました。

「いまからもうがんがん歩いてもらっていいと思うけれどね」

神谷さんは、いくつかの運動を指示すると、その日は帰っていきました。

夫婦にとって自宅出産は、考えた末の決断でした。仕事のいそがしいふたりは、子育てを分担しなければいけません。そのスタートとなる出産にも、ふたりでのぞみたいと考えていたのです。

出産予定日の１週間前。

「どんな具合？」

神谷さんは女性宅を再び訪れ、検診をおこないました。

「具合、すこぶるいいです」

女性は毎日１時間以上歩いていましたが、出産がはじまる気配はまったくありません。予定日を１週間すぎたら、万一の事態を考え、自宅出産はむずかしくなります。少しでも出産を早めるため、神谷さんは、1日2時間以上かかる10項目の体操プログラムをこなすように伝えました。

お産に向け、母親に積極的な準備を求めるのは、ひとつの思いがあるからです。

やりとげた自信が子育てのささえになる

出産前の準備からお産の本番まで、思いのこすことなくやりきることが、その後の子育てでもささえとなる。神谷さんはそう信じています。

「やりとげたっていうことを自分なりにみとめること。それがとてもだいじだなって思うの。なかなかできないことをやりとげたっていう土台があってこそ、子育てっていうのはふんばってできると思うんですよ」

神谷さんは女性にそう伝えました。

それから5日がすぎても女性からの電話はありません。

「携帯電話があまりにしーんとして、どきどきしちゃう」

神谷さんは心配でたまりませんでした。

予定日の前日になっても陣痛がこないので、女性もあせりはじめました。

「これだけ運動してて産まれない……」

ようすを見にきていた神谷さんに、思わず不安をこぼしました。

「いいのいいの。それはそれで、なるようにしかならないので。あせってみたところで何がどうなるわけでもないから」

女性はやるべきことはやったのです。あとは、ただまつだけ。

その日の深夜、自宅にいた神谷さんの電話が鳴りました。ついに、女性の陣痛がはじまったのです。

いつでもどこでも、どうよばれてもすぐに対応できるように、神谷さんはお産に必要な道具をつねにそばにおいています。今回は、自宅からかけつけることになりました。

女性の自宅まで、車で30分~1時間かかります。電話を切ると、しばらくしてまた電話が鳴りました。

「はい、神谷です。うんうん。うん」

それは、思わぬ事態でした。別の女性が、予定日より10日早く陣痛がはじまったというのです。

　こればかりはしかたありません。神谷さんは、すぐにサポートの助産師に連絡をしてそちらへ向かってもらい、まずは初産の女性のようすを見に行きました。

「痛くて言いようがない。乗りこえられるか心配……」

陣痛は5分おきになっていました。はじめて経験する痛みに、女性は弱気になっていました。

「心配することはない。だいじょうぶ」

「破水はまだですよね」

女性が心配して聞きました。「破水」は、子宮の中で赤ちゃんを包んでいる膜が破れ、その中にある羊水という水が流れ出ることです。それはまだ先だと神谷さんは教えました。

「そんなにかんたんに産まれるもんじゃないのよ。このペースがとても順調なの。

命の神秘によりそって

神谷整子

今日中には産まれるよ」

初産には時間がかかります。神谷さんは、女性のようすから、産まれるまでにまだ半日以上かかると読みました。

「だからいまからあせってもしょうがない。力をぬいて、1分、2分でも寝ておこうと思わないとね」

女性を少しでも休ませるように夫にたのむと、神谷さんは女性の家をでて、もうひとりの女性のもとへ向かいました。こちらは2度目の出産です。

タクシーで到着したのは午前3時すぎ。その寸前に、陣痛が規則的になっていました。2度目の出産の場合、陣痛がはじまると産まれるまでの時間が早いといわれています。

先にきていたサポートの助産師とともに出産を助け、1時間半後、元気な男の子が無事に産まれました。

産後のケアはサポートの助産師に託し、神谷さんは初産の女性宅に急ぎます。

「痛いときはね、息を止めないようにできる?」

それまでも、電話で女性のようすを聞いていた神谷さん。

「初産にしては進みが早い」

そう思って、すでに女性宅にもサポートの助産師に向かってもらっていました。出産が重なることがこれまでもありましたが、できれば自分がとり上げたい。ずっといっしょに走ってきた戦友なのです。

神谷さんが女性宅へ飛びこんだのは6時35分。間に合いました。ここからが出産の山場です。

「そうそう、そう、じょうずだ！」

「うーん」

「がんばれ、そうだ！　じょうずじょうず」

神谷さんは、はじめての苦痛にたえる女性に、なんども声をかけてはげまします。

「次、次だからね。次だ！」

「さあ、がんばるよ。よーしよーし」

太陽はすっかりのぼりました。女性も神谷さんも、ずっと寝ていません。神谷さ

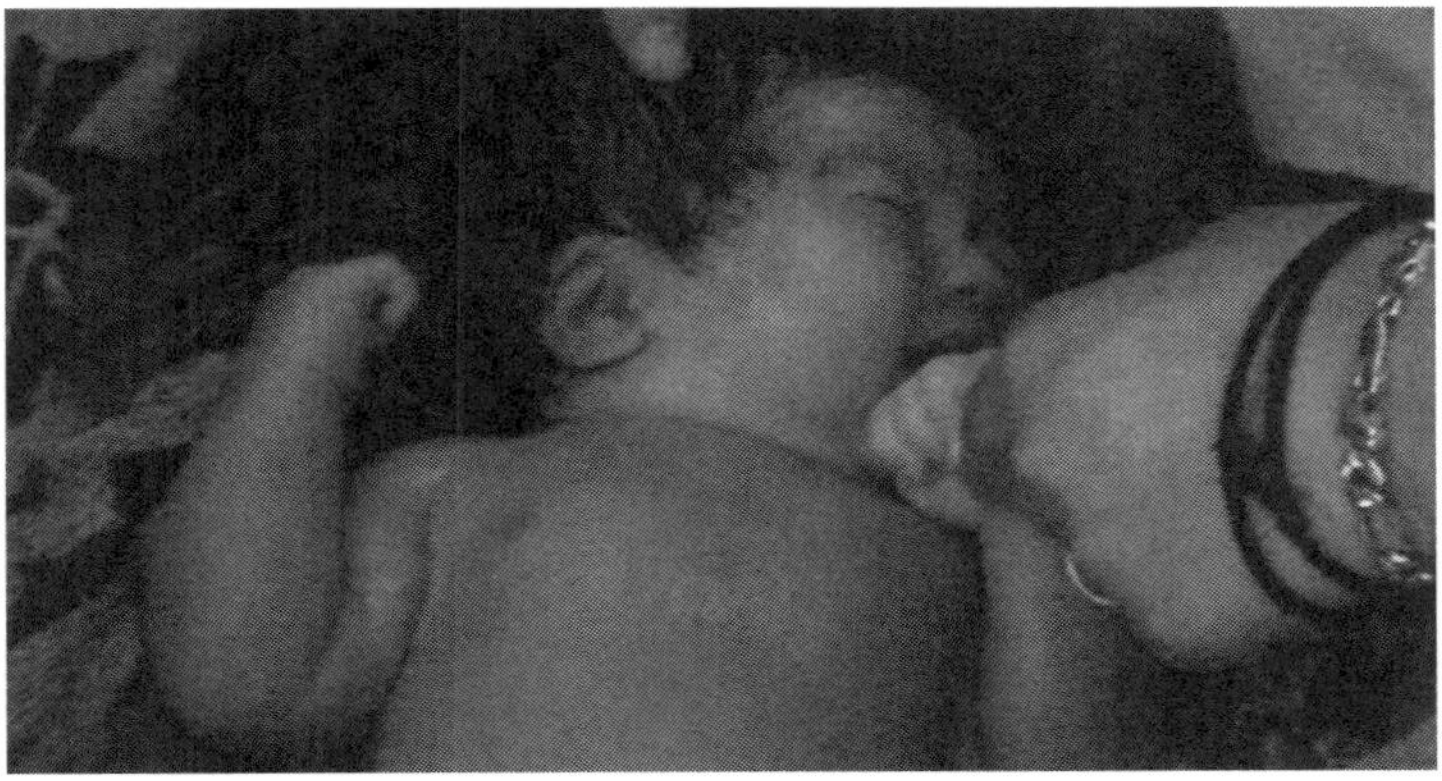

しっかりママのほうを向く産まれたばかりの赤ちゃん。

んはひたすら女性によりそいます。

「ふっふっふっふ」

神谷さんの呼吸のリズムに、女性も
「はっはっはっはっは」

と必死に息をあわせました。

そしてついに7時27分。

「おぎゃー、おぎゃー、おぎゃー！」

元気な産声が上がりました。

「おめでとうございます！　女の子、女の子！」

神谷さんは、今日ふたり目の赤ちゃんをとり上げたのです。女性はぐったりとしながらも、「あー。産まれた～」と、やりきった笑顔で我が子を見つめました。

「いや〜、乗りこえられてよかった。終わらないと思ってたけど、終わったねぇ」

女性は、かたわらにいる赤ちゃんにやさしい声で話しかけました。その顔は、もうお母さんになっていました。

「本当に、なんていうことでしょう。ふたりとも超特急で産んでくれて、すてき！」

ひと晩にふたつの命をとり上げ、神谷さんはさすがにつかれているはずです。それでも、新しい命の誕生は、そんなつかれを吹き飛ばすほど喜びに満ちています。

午前10時、産後のケアを済ませると、神谷さんは女性の家をあとにしました。

背負ったリュックの中には、いま、ともにマラソンを走っている20人の女性のカルテがつねに入っています。今日も、そのうちの何人かが、神谷さんをまっています。

それでもひとまず移動の電車の中で、神谷さんはつかの間眠るのでしょう。

命の神秘によりそって

神谷整子

プロフェッショナルとは

わたしの中では
やっぱりそのときそのとき
最善をつくすことができる者
というふうに、
わたしの中では思っているんですけど。

第60回2007年8月28日放送

こんなところがプロフェッショナル！

母親と産まれてくる子の命に寄りそう助産師、神谷整子さん。
そのほかにもこんなところがすごいよ。

24時間、いつでもかけつける

いつくるかわからないのがお産です。食べていても、寝ていても、電話が鳴るといつでも妊婦さんのもとにかけつけます。大変ですね……と言われるけれど、それが日常なので、みんなが考えるほど大変ではないと、語ります。

リュックの重さは8キロ

映画を見に行くときも、遊びに行くときも必ずもって行くリュック。その重さはおよそ8キロ。お産は、必要なものがそろっていないと大変なことになると、いつでも肌身はなさずもっているのです。

緊急用の医療器具をつねにもち歩く

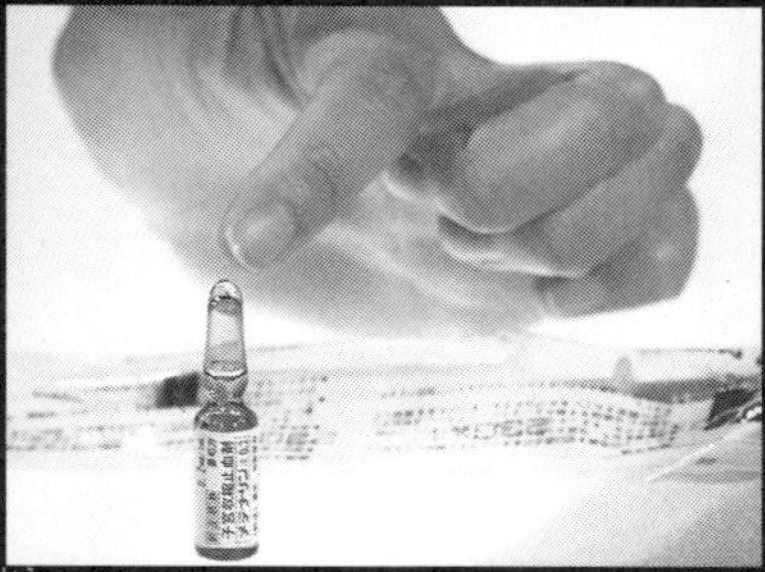

助産師は、臨時で応急処置が必要な場合、救命に必要な医療行為をおこなうことができると法律で定められています。神谷さんはいざというときに備えて、プライベートででかけるときも、点滴などの医療器具をつねにもち歩いています。

10年たってもすぐにわかる

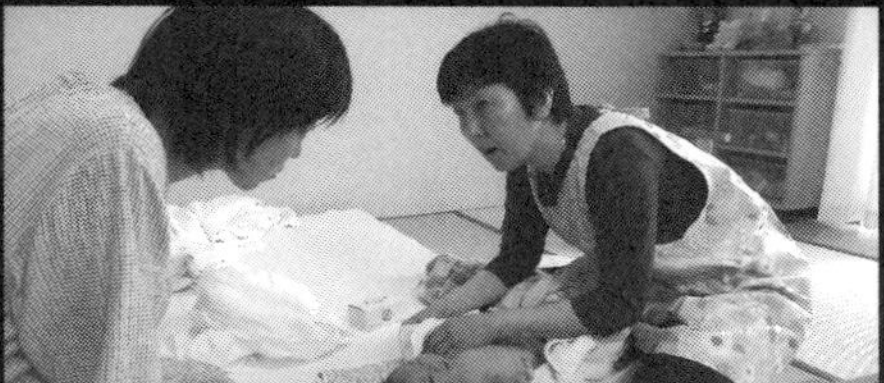

新しい命の誕生に伴走してささえる神谷さん。出産後もその伴走は続きます。わからないことだらけでゆれるお母さんに、そっと寄りそい、温かく見守り続けるため、10年たって電話がかかってきても「ああ、○○さん！」と、すぐに思いだすことができると言います。

プロフェッショナルの格言

24時間命と向き合う、神谷整子さんのことばを心にきざもう。

経験にたよらない

お産に立ち会うとき、神谷さんは過去に似たケースがあったとしても、その経験にはたよりません。お産は、１００人いれば１００とおりあります。自分の経験を過信しない。それが神谷さんの信念です。

じょうずに手をぬく

なんでも完璧にやらないといい子が育たないと考えるお母さんたちに、神谷さんは「じょうずに手をぬいて」と伝えます。一度ペースを落とすことで視野も広がることを、自らの経験から学んでいるのです。

とにかくやりとげる

出産前の準備から出産まで、思いのこすことなくやりきることが、その後の子育てのささえになると神谷さんは言います。やることはすべてやりぬいたという気持ちが、その後の自信につながるのです。

恐れの先に、希望がある

小児外科医
山髙篤行

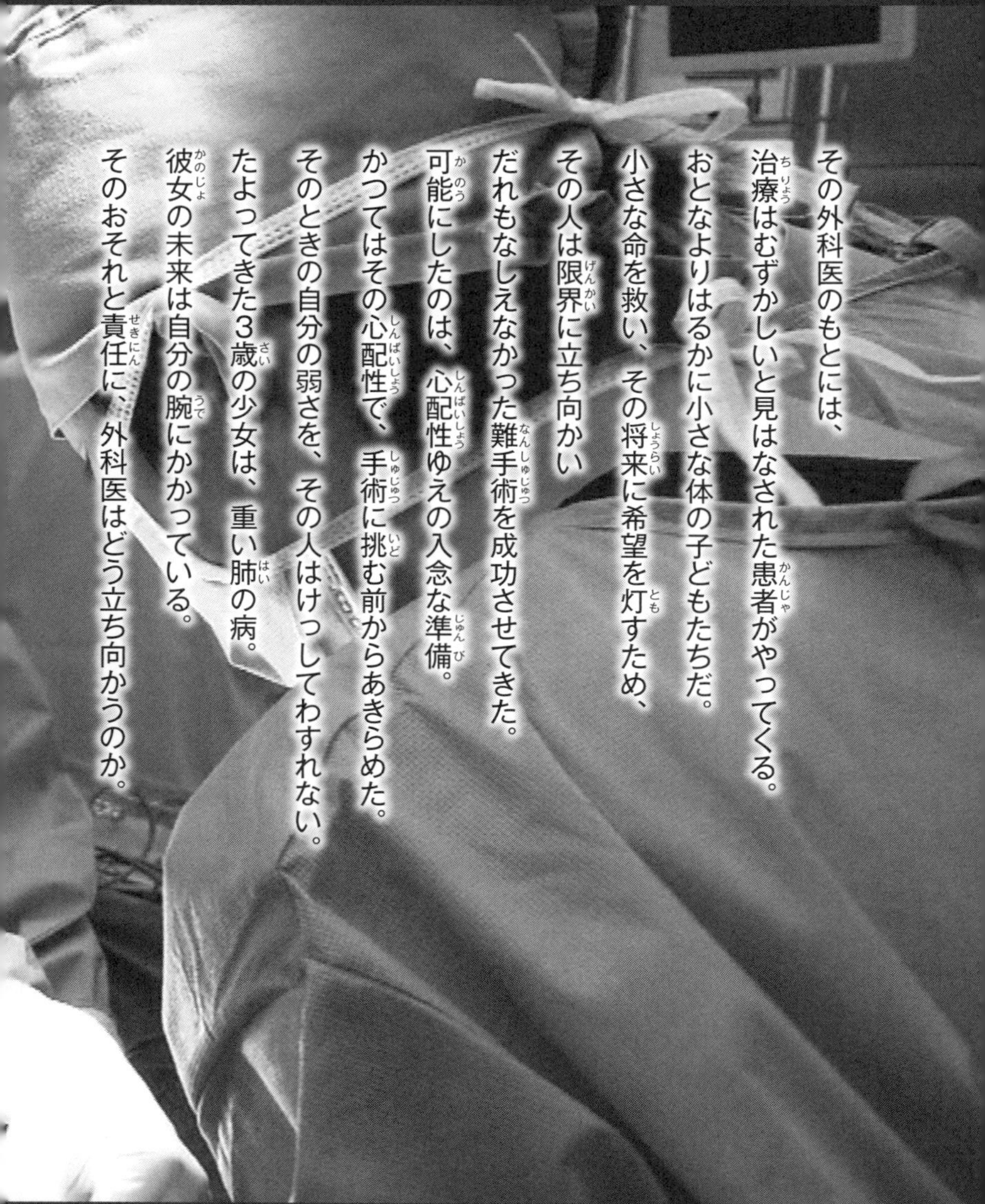

その外科医のもとには、
治療はむずかしいと見はなされた患者がやってくる。
おとなよりはるかに小さな体の子どもたちだ。
小さな命を救い、その将来に希望を灯すため、
その人は限界に立ち向かい
だれもなしえなかった難手術を成功させてきた。
可能にしたのは、心配性ゆえの入念な準備。
かつてはその心配性で、手術に挑む前からあきらめた。
そのときの自分の弱さを、その人はけっしてわすれない。
たよってきた3歳の少女は、重い肺の病。
彼女の未来は自分の腕にかかっている。
そのおそれと責任に、外科医はどう立ち向かうのか。

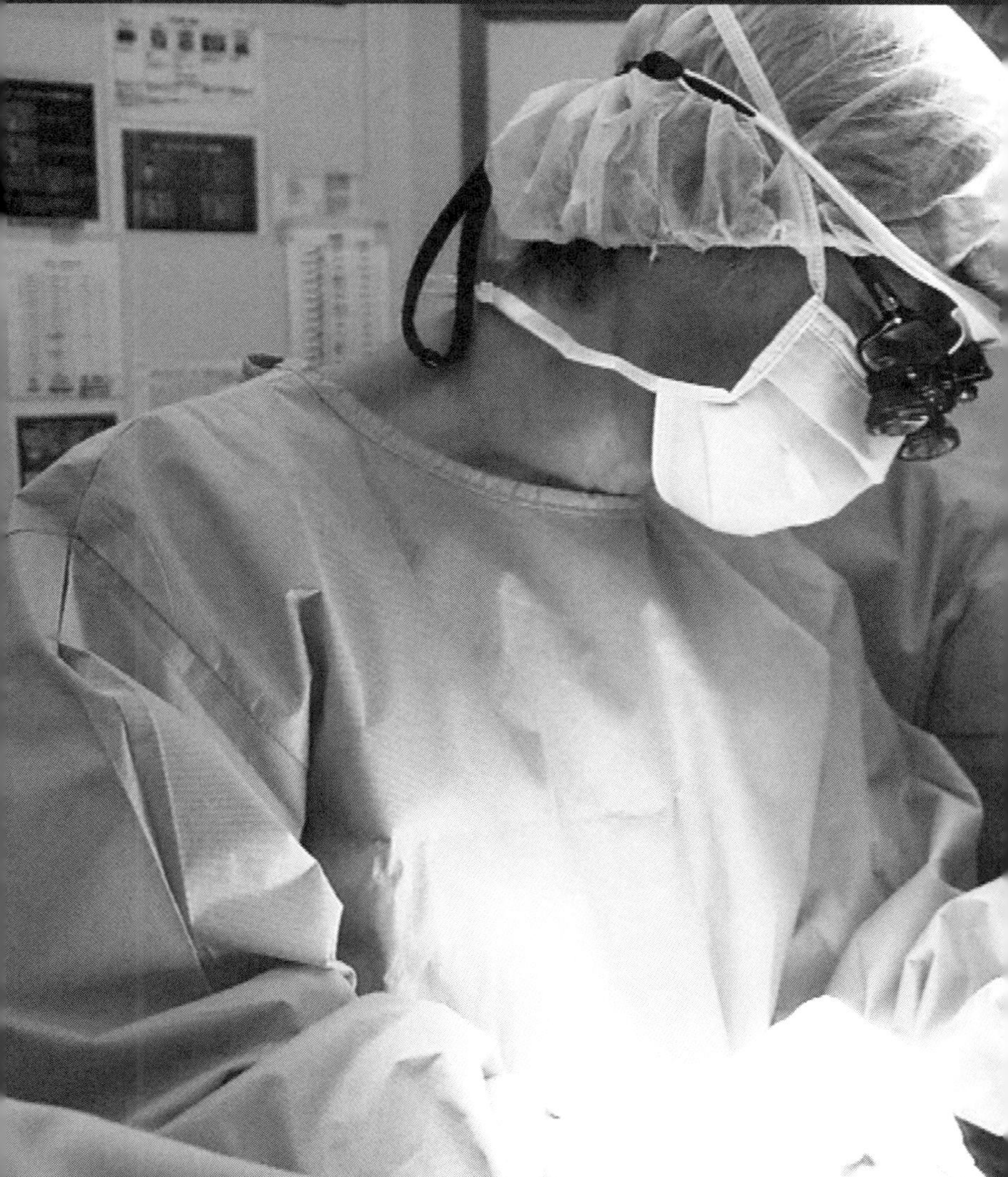

✴小さな命の最後のとりで

東京都文京区にある順天堂大学病院。

医師の山髙篤行さんが出勤してきました。車からおろしたのは、手提げかばんと、小さなスーツケースがふたつ。とまりがけの出張かと思いきや、どこに行くにも、いま手がけている患者の書類をすべてもち歩いているのです。

山髙さんは、とびっきりの心配性。

子ども時代は、学校へ行く前に、わすれものがないかなんどもランドセルの中身を確認したそうですが、おとなになったいまもその性格は変わりません。

病院の自分の部屋のドアをあけると、ゆかの上におかれているのは書類の束。きちんと整理された書類が、向きまで完璧にそろった状態で、等間隔で10束以上おかれています。そんな変わったクセにも、心配性ならではの理由がありました。

「だいじな書類ほど、ゆかにおくんだ。こうやっておくと全体が見わたせて、今日何をやるかっていうのが朝わかるから」

その日も山髙さんは、ゆかから書類の束をひとつひろい上げると、さっそく仕事にかかりました。

やることがひとつ終わると、山髙さんはスケジュール帳を開き、そこに書いておいた項目を、黒いボールペンでグリグリと塗りつぶします。やり終えた過去の仕事はすべて真っ黒に塗りつぶされているので、いつ、なんの仕事をしたのか、記録が読めません。

ただその中に、ぽつんぽつんと、ところどころ塗られていない文字がありました。

「いつもニッコリ」

「栄光に近道なし」

部屋のゆかにきれいに広げられた書類。

終わった項目が黒く塗りつぶされた山髙さんの手帳。

日々出会う気になったことばだけは、書きとめて、消そうとしません。

どこかの社長さんが言った「いつもニッコリ」ということばが気になったのは、その頃自分がいつもおこっていたから。「栄光に近道なし」は、食事に入った牛タン屋さんにかかっていた野球選手の色紙に書かれたことばでした。

気になる名言を集めては読み返し、山高さんは自分に気合いを入れるのです。

そんな山高さんの専門は小児外科。診察するのは０歳から15歳までの子どもたちです。


「おはようございます！」

朝、入院している子どもたちの病室を回りながら、山高さんはひとりの男の子に声をかけました。

「おはようございます！」

元気な笑顔で返事をしたのは、５歳のケイタ君。生まれつき腎臓の働きに問題があり、これまでなんども感染症をおこしています。明日、山高さんはケイタ君のむずかしい手術をひかえていました。

恐れの先に、希望がある

山髙篤行

小児外科にかかる子どもたちは、その多くが生まれつき臓器に異常をかかえています。おとなにくらべて、問題が複数の部位にまたがっていることが多く、同じ病気でも、一人ひとり症状が大きくちがうのが特徴です。その子にあわせた特別な手術を求められるのが、小児外科のむずかしさなのです。

ケイタ君の症状も、世界的に見てあまり例のないものでした。ケイタ君の腎臓の検査画像をはじめて見たとき、山髙さんはおどろきました。

「右の尿管に逆流があって、蛇行もある。すごいな……」

わたしたちの体にふたつある腎臓は、老廃物などを尿として体の外へだそうと働く臓器です。ケイタ君の片方の腎臓は、そこから膀胱へとつながる尿を流す管が曲がりくねっていて、ださなければならない尿が腎臓に逆流してしまっていたのです。原因をとりのぞく治療は、とてもむずかしいものでした。

それでもこの5年、山髙さんは治療の道を探ってきました。最初は効果的な治療法が見つかりませんでしたが、ケイタ君の成長をまったことで、ふたつあるうちのひとつの腎臓は、十分つかっていける見こみが立ったのです。

「もうだいじょうぶ。ていねいにやりますから」

山高さんは両親とケイタ君に手術の説明をすると、そう言って安心させました。

とはいえ、ケイタ君の手術は非常にむずかしいものです。腎臓のまわりの臓器も変形していて、腎臓だけを摘出するのは大変。万が一血管を傷つけてしまったら命に関わります。でも、悪いほうの腎臓をとりのぞけば、ケイタ君はふつうの生活が送れるようになるのです。

その晩、山高さんは遅くまで病院にのこり、書類を見たり、図にかいたりして、ケイタ君の手術の内容や手順をなんどもくり返し確かめていました。

むずかしい手術の前、山高さんの心の中にはいつもある感情が生まれます。それは、ちょっと意外なものでした。

こわい……。

そんな山高さんの気持ちを聞いても、人はだれも本気にしません。山高さんは、ほかの外科医ができなかったようなむずかしい手術をいくつも乗りこえてきた、世界でも有名な医師です。その人が手術をこわがるなんて。

恐れの先に、希望がある

山高篤行

病院の部屋で、夜遅くまで手術の準備をくり返す山高さん。

でも山高さんはこう言います。

「こわいんだ。気が小さいっていうか、おびえているっていうか。こわいから、一生懸命勉強するんだ。勉強すると、最初は、『これ治せるのかな?』って思っていたことが、だんだんと、『できるな』っていう自信に変わってくる」

だから山高さんは、いつも自分をこういましめているのです。

つねに、臆病であれ

もちろん山高さんには、ケイタ君の手術をひかえ、すでに「できる」という自信があります。それでも、もう一度、もう一度、さらにもう一度、手術の内容を事前になんども確かめるのが、山高さんの仕事のしかたでした。

「手術をキメられるか、キメられないかは、手術の前の準備にかかっているんだ」

山高さんは、後輩にいつもそう言っています。

「手術の9割は、手術前の準備で決まっている。つまり手術は、手術する前に終わっちゃっているってこと」

翌日。

「さあ、やるか！」

ブルーの手術着に着がえて拡大鏡をつけた山高さんは、自分に気合いを入れました。いよいよケイタ君の手術がはじまります。

9割はすでに終えていても、あと1割を絶対にキメなければなりません。

小さなおなかに入れたメスの傷はわずか5センチ。山高さんの指が2本しか入らないすき間から、おとなの半分もない小さな腎臓の処置に挑むのです。

「よし」

「よいしょ」

「ＯＫ」

なんども思いえがいた手順をひとつ、またひとつと終えるたび、山高さんはまるで終わったスケジュールを塗りつぶすように、自らに確認の声をかけました。

腎臓を摘出するまで約５時間。さらに、まわりの臓器などの処置を終えるまでに約３時間。計８時間にもおよぶ大手術は、無事に成功しました。

「ケイちゃん！」

術後、回復室という部屋に入ったケイタ君に両親がかけ寄ります。

点滴や呼吸器などのチューブにつながれ、覚めかけの麻酔でもうろうとしているケイタ君。それでもお父さんとお母さんの声にこたえるように、小さな右手を上げました。

「よくがんばったね！」

お母さんはポロポロと涙をこぼしながら、笑顔でケイタ君を見つめ続けました。

外科医の山高さんの日常は、手術、また手術のくり返しです。

中でも、山高さんが専門としている子どもの手術は、極限の細やかさを求められる闘いで、さらに小さな赤ちゃんの手術をするときは、これ以上ないほどの繊細な仕事が要求されます。

別の日、山高さんは、生後8か月の赤ちゃんの手術に取り組んでいました。腸が通常より下がってしまっているために、正しい位置にもどすという手術です。

「予定出血量は2グラムです」

「はい。じゃあ、お願いしまーす」

山高さんはメスで皮膚を切りましたが、その長さはたったの2センチ。鉗子という器具でつまもうとする腸は、すきとおるほどうすいのです。

「極うすっ……。やっぱり大変だよ、ちっちゃい子は」

山高さんですら、思わず声を上げました。

腸の膜は、厚さ1ミリもありません。わずかでも力を入れすぎたら、破けてしまいます。

山高さんは、自分のかたわらで膜をひっぱる助手の医師に、7割の力でやさしくあつかうよう、なんども声をかけます。

小さな子どもは体力がなく、長い手術のあいだに体調の急変も起こりやすい心配があります。そんな患者と向き合う山高さんは、いつもこんな気持ちで手術に挑んでいました。

ゆっくり、速く

「ゆっくり、速くやれ。手とか機械の動きはゆっくりなんだけど、やってることにむだがないから速く終わるというのがいいんだ」

あせりそうになる若手の医師を、山高さんはいつもこうさとします。あせりそうになるときこそ、むしろゆっくりと。それが結果的にはいちばん早いのだと、山高さんは言います。それは、これまで1万人もの子どもたちを手術してきた山高さんだからこそつかめた、大切な心得でした。

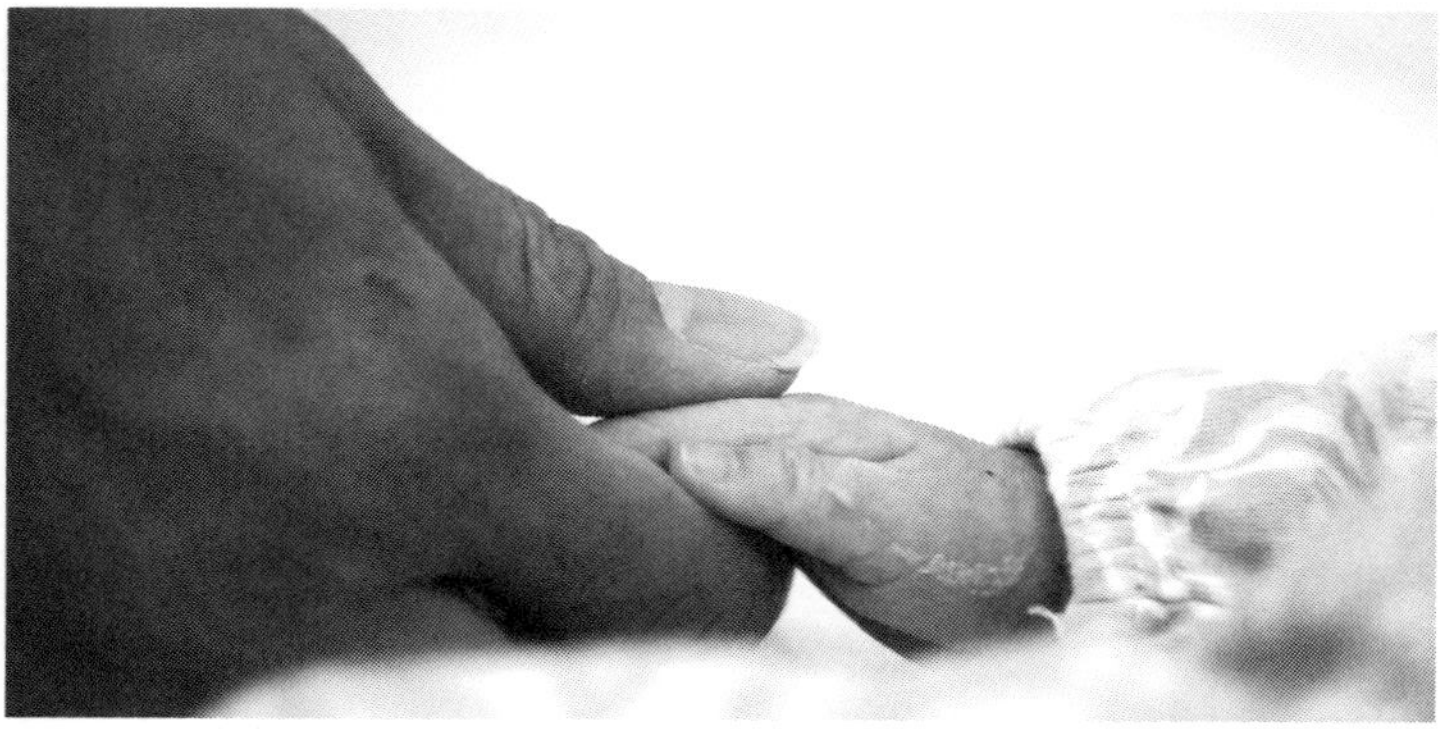
小さな体で手術にたえた赤ちゃん。その小さな手をそっとにぎる山高さん。

「ぼく、手術は急がないの、絶対に。絶対失敗したくないから。だって一生のこるんだよ。子どもには、まだ何十年って人生がまっているわけだし」

山高さんは、手術を終えた赤ちゃんの右手をそっとにぎると、やさしく声をかけました。

「えらいぞ」

それはまるで、その子の未来を応援している声にも聞こえました。

✴限界が限界じゃなくなる

冬、山高さんは、ひとりの患者を気にかけていました。

恐れの先に、希望がある

山高篤行

リョウ君。13歳です。

リョウ君はこの3年、激しい腹痛に苦しんでいました。あちこちの病院にかかり、すでに4度も手術を受けていましたが、痛みはいっこうに消えません。原因もまったくわからないので、山高さんの腕をたよってきたのです。

1万以上の症例を見てきた山高さんにも、原因はまだつかめません。それでも考えられることを、図にかいて説明しはじめました。

「肋間のね。神経っていうのがあるのよ。ひきつる痛みだよな?」

「はい」

中学生のリョウ君は、体の話もしっかりと聞けて、意味もわかります。痛みは、肋骨という骨にそって走る神経から発生していました。原因はわかりませんが症状としてあらわれているので、肋間神経をとりのぞく手術を山高さんは考えました。

「これで痛みが消えるのを祈っているけど」

そう言う山高さん以上に、リョウ君は期待していました。

リョウ君はこの3年、痛みに加え、その原因がわからないことにもつらい思いをしてきました。

「体ではなくて、気持ちの問題じゃないか?」

そう言われ、医師につきはなされたことまであるのです。

「どこに行っても痛みをわかってもらえなくて……。でも、山高先生だけわかってくださった。救われた気がします」

そう話すお母さんの横で、リョウ君はなんどもうなずきました。

数日後、リョウ君の手術がおこなわれました。

「あった、あった。これだ、神経」

山高さんは、痛みの発生源と思われる腹部の肋間神経を、さしさわりがない範囲を見定めて、切りのぞきました。

「見つけるべき神経は全部見つけられたから、痛みがのこる可能性は、理論上はないよ。理論上はないけど。……まだわかんないからね」

山高さんは経過を観察することにしました。

そうして、1か月後。退院したリョウ君から、連絡が入りました。手術をした場所は痛みが消えたのに、別の場所が激しく痛みだしたといいます。

「本当に申し訳ないことしちゃったけど……」

謝る山高さんに、つきそってきたお母さんが言いました。

「いいえ、とんでもないです」

「先生も勝算があったからね。やったんだけど……」

そう説明する山高さんに、リョウ君はしっかりとした口調で言いました。

「ありがとうございます」

ほかの病院では、もう治療の手がないと言われているリョウ君。もし山高さんの治療でも治らなかったら……と、心の中は、折れそうな不安でいっぱいなのでしょう。それでも、痛みをこらえながら自分にお礼を言ってくれるリョウ君を、絶望させるわけにはいきません。

山高さんは約束しました。

「また考えます。即答できなくて申し訳ないけど」

「お願いします」

山高さんは、内心とてもショックでした。選んだ治療が、リョウ君にとって根治手術になってなかったのです。その事実に、逃げたくなる気の弱い自分がいます。でも、そんな弱気をふりはらって立ち向かわなかったら、こたえはけっして見えてきません。

「もちろん限界はだれだってある。絶対あると思う。でも、だんだんとやっていくうちに、その限界が低くなっていくんだ。近づいてくと、限界が限界じゃなくなるんだ」

これ以上先のない境界まで行こうと、山高さんは決めました。

山高さんは、さらに精密な検査をおこない、一からリョウ君の痛みの原因を探ることにしました。意見を聞くため、ほかの医師にも立ち会ってもらっています。神経に局所麻酔を打ちながら痛みの変化を確かめ、痛みのきている場所をこれまでより精密にしぼりこんでいきます。

「表面上は効いてる」

麻酔を打たれたあとにおなかをさわられたリョウ君は、言いました。

「効いてる？」

と山高さん。

「うん。奥が痛い」

「けっこう深いんだよ、痛みの責任神経が。どっから痛みがきてるんだろう？」

2日にわたる検査で、山高さんはようやく治療の可能性をつかみました。

「とるなら、10と11の本幹だな」

人の肋間神経は、12対あります。そのうちの10番と11番が悪さをしていると、山高さんは読みました。

そしてリョウ君は、山高さんによる再手術を受けました。

その結果、3年も苦しんできたおなかの痛みは、ついに消えたのです。

小児外科医は、子どものその後の人生を背負う大変な仕事だと、山高さんは考えています。それでも、病気に苦しむ子どもを見ると、こう思わずにいられません。

「ふつうの子と同じように生活ができる子にしてあげたい」

「病気で苦しんでいる子を、ふつうの子と同じような生活ができるようにしてあげたい……」

そのために山髙さんは、病気を治すためにはどうすればいいのか、四六時中考えています。どこにいても、何をしていても、それが気になって頭からはなれません。

でも、かつての山髙さんは、そんな外科医ではなかったのです。

✳こわくて逃げたあの日

山髙さんが医師をめざしたきっかけは、お父さんでした。

亡き父も外科医。実家は医院をかねていて、山髙さんは、その仕事ぶりを間近に見て育ちました。

中でもわすれられないのは、手術風景です。手術室のドアの小さな丸窓から、お父さんがおこなう手術を夢中で眺めていました。まだ小さくて窓に背が届かなかったので、台に乗ってまで見ていたそうです。

成長した山髙さんは、お父さんのように外科医になろうと医学部へ進みました。

大学では、やったことのないラグビー部へ入りました。心配性で気の小さな自分が大きらいだったので、そんな性格を変えたかったのです。

きびしい練習にくらいつき、がんばることができた自分をささえにして、山高さんは、外科医の道に飛びこみました。選んだ専門は、小児外科。おとなの外科は、消化器外科や呼吸器外科など、臓器別に専門が分かれていますが、小児外科は、そのほとんどをカバーしているので、さまざまな臓器を手術できることに興味をもったのです。

幸い、心配性は、医師としては助けになりました。手術には万全な準備をしてのぞむので、ミスなく、確実になしとげることができたからです。そうして成功を積み重ねるうちに、山高さんは、次第に小児外科医としての腕をみとめられていきました。

ところが、医師になって10年目のことです。山高さんのもとに、ある患者がやってきました。

当時4歳の少年。口から入った食べ物を胃に運ぶ食道が、生まれつきとぎれている難病でした。

別の病院で、自分の小腸を少し切って移植し、食道のかわりにする手術を受けていましたが、どうしても胸の骨の上にそれを通さなければならず、ご飯を食べると、胸の真ん中が大きくふくらんでしまうのです。

食べ物が胃へ移動する際に、そのふくらみが動くことをからかわれ、少年はまわりからいじめられていました。

「この子はいったい何を楽しみに生きていけばいいのか。つらい治療ばかり受けて、いじめられて……」

希望をなくしていたお母さんは思いつめ、最後の望みで山高さんを訪ねたのです。

「死んでもいいから手術を受けたい」

そう言われた山高さんは、ことばにつまりました。

この病気に有効な治療法は考えつかず、少年が受けた以上の手術に挑戦することは、きわめてリスクが高かったからです。

ほかの医師たちに、病気の診断についてたずねて回りましたが、みんな口をそろえてこう言いました。

ラグビー部時代の山高さん（右）と、顧問であり恩師である宮野さん（左）。

「やめておけ」

そのたび山高さんは、心のどこかでほっとしていました。

自分でも「これは無理なんじゃないか」と思っていたので、そう思うのは自分だけじゃないと安心したのです。

山高さんは、上司である教授に自分の見立てをこう伝えました。

「手術は、患者のためにならないと思います」

すると、教授はきびしい目で山高さんをじっと見つめ、こう言いました。

「あきらめるのか？」

教授の宮野武さんは、山高さんの医学部時代にラグビー部の監督として指導してくれた恩師でした。山高さんの気の小ささを知りつくし、逃げようとしている気持ちを見ぬいていました。

宮野さんは山高さんに命じました。

「不可能を可能にしろ」

そのことばに、山高さんは頭をなぐられたような気がしました。

「治療法について限界まで考えつくす前に、ぼくは逃げようとしていた……」

失敗をおそれ、挑戦をしようともしなかった自分。

山高さんはその日から、少年の病気の治療法を必死に調べました。

海外の文献を読み、効果的な手術法がないか、もう一度あらゆる角度から考え直したのです。小児外科医以外のさまざまな専門医にも意見を聞きながら、わずかなヒントでもないかと探し続けました。

すると、たったひとつだけ治療法が浮かんだのです。

それは、けっしてかんたんな方法ではありませんでした。山高さんは、その手術法について、考えられるリスクをすべて紙に書きだしました。そして、もしその問題が現実におきたとき、どう対処したら危険を避けられるのかを調べ、一つひとつの危険性をつぶしていったのです。

そうやって「リスクがあるから無理」と思っていたことがひとつずつ消えていくにつれ、山高さんの心に、ある気持ちが少しずつめばえていきました。

「できる」

そして山高さんは、世界でも例のない手術にふみきりました。それは、少年の胸の骨を切り開き、そこに食道のかわりとなる小腸を通して、胸の中におさめるというものでした。

むずかしい手術は、みごとに成功。

その瞬間、山高さんの心には強烈な思いがきざまれました。

全身全霊で挑まなければ、限界はわからない

いま、この少年は、ふつうの子と同じようにご飯を食べ、運動もして、元気に暮らしています。あきらめかけた未来を生きながら、父と同じものづくりの仕事がし

たいと、さらに未来を夢見ているのです。

「本気で準備をひとつずつやっていけば、もう無理だと思った手術に、光が見えてきて、その光がだんだんふくらんできて、『やれる』というふうになる。それを強烈に学んだケースかな」

そうふりかえる山髙さんは、少年の手術前の写真を、いまもすぐにだせる場所においています。

もちろん、越えられない壁はあります。けれど、それをおそれて、壁を越えようと考えぬかなかったら、けっして希望は見えません。

この少年の手術以来、山髙さんは変わりました。心配性な性格はそのままに、限界に挑み続け、日本初のむずかしい手術を数々なしとげてきたのです。

✳希望を背負って

冬、ひとりの女の子が、山髙さんのもとにやってきました。

3歳の、ハナちゃんです。

「寒い？　だいじょうぶ？」

お父さんにだかれ、心細そうにしているハナちゃんは、ときどき、「コンコン」とせきをしました。深刻な肺炎を、これまでなんどもくり返しているのです。

肺炎は、細菌やウイルスなどが体に入って、肺に炎症をおこす病気です。ハナちゃんの肺には、「のう胞」とよばれる袋が数多くできていて、そこにうみがたまりやすく、肺炎の原因になっていました。

半年前の肺炎は症状がひどく、命が危ぶまれる状態にまでなってしまいました。できるだけ早く、のう胞ができた部分を切りのぞく手術が必要なのです。

「どんな状態でもいいから生きてて欲しい」

両親はそう言って涙ぐみます。ただ、ハナちゃんはまだ3歳。これから長い人生がまっています。胸にメスを入れる手術で傷跡をのこすことは、できれば避けたいという思いもありました。

「この子の負担が少ない方法があるなら、そちらのほうがいい」

両親が希望したのは、「内視鏡手術」でした。

内視鏡手術は、体に小さな穴を数か所あけ、そこに手術器具を入れて、体の外から行う手術です。体の内部のようすは、穴からさしこんだ「内視鏡」とよばれるライトつきのカメラが、モニターに映しだします。つまり、外科医は、モニターを見ながら手術器具を操作して、臓器などを切ったりぬったりするのです。

内視鏡手術は、術後の傷が小さくて済み、体の回復もとても早いので希望する患者が増えています。ただし特殊な操作が必要なため、若い医師に指導するほどじょうずな山髙さんでも、むずかしさは消えません。おとなの手術でもむずかしいのに、小さな体の子どもではさらにむずかしく、命を危険にさらすリスクも高くなります。しかも、内視鏡での肺の切除は、5年前国内ではじめておこなわれたばかりでした。

「それでも、子どもの将来のためには傷も小さいし、明らかに利点がある」

山髙さんは、ハナちゃんの肺の切除を内視鏡手術で挑むことに決めました。

今回の手術では、肺の下部の「下葉」とよばれる部分を切除します。問題は、その部分にだいじな動脈と静脈が通っていること。その血管を切り、そこで血の流れをまちがいなく止めなければなりません。失敗したら、たくさんの血が流れでて、命に関わります。

山高さんは、ハナちゃんの両親に、手術の手順を図にかいて説明しました。さらにひとつ、気がかりなこともつけ加えました。

「この病気の子は、中葉と下葉がくっついていることが多いんです。ひどい場合には、この血管が見えません。そういう場合には、内視鏡ではなくて、胸を開かないとだめな可能性がある」

切除する下葉と、その上の中葉が炎症でくっついていると、動脈や静脈がかくれてしまっている可能性もあるというのです。

「絶対無理しないから」

山高さんは最後にそう言って、両親を安心させました。

よりリスクの高い内視鏡手術を選んだ責任は、最終的に山高さんが背負わねばなりません。それでもあらゆる角度から考え、「必ずできる」とひき受けたのです。

「内視鏡で治療できたら、この子にとっていいんだもの」

手術前夜、なんども確認した手術の手順を、さらにペンで囲んで復習する。

それを可能にするのは、自分の腕なのです。

手術前夜。

山高さんは自分の部屋で、だまって書類に目を落としていました。そこには、ハナちゃんの手術の手順が、肺の図や文字で手書きされています。

山高さんは自分で考えたその手順を読み、復習していました。どんな手順で手術をおこなうかは、もうとっくに頭に入っています。手術中に問題がおきたときは、考えられる問題も、どう対処するかも、何通りも考えてあります。それでも山高さんは、なんどもなんども復習します。

ただ目を通すだけではありません。自分で

書いたすべての文章に蛍光ペンで丸をつけながら確認していきます。復習のたびにちがう色の蛍光ペンをつかうので、いくつもの色が重なって、もう何色かわからない状態です。それほどなんども復習し、そのたび山高さんは、頭の中で手術をくり返してきたのです。

翌日、12月17日。

「おはようございます」

山高さんは病院につくと、背広姿でハナちゃんの顔を見に行きました。まだ小さなハナちゃんはお母さんにだかれ、緊張は見られません。お父さんは、娘の命を託す山高さんに、祈るように深々と頭を下げました。

予定では、5時間かかる大手術です。手術着に着がえながら、山高さんはつぶやきました。

「びしっとキメないといけない……。重圧だ。本当こわいよ」

それでも手術室に入っていくと、助手や看護師に大きく声をかけました。

恐れの先に、希望がある

山高篤行

「さあ、やりましょう！」

この手術には、呼吸器の専門医にも立ち会ってもらいます。

手術がはじまりました。

山高さんはメスをにぎっていません。すでにハナちゃんの胸の脇にあけられた小さな穴に、内視鏡をさしこみます。

すると、山高さんの目の前にあるモニターに、ハナちゃんの肺が映しだされました。

処置をはじめてしばらくすると、心配していたことが現実となりました。

ふつうははなれている中葉と下葉がくっつき、動脈と静脈がかくれて見えません。

「ゆっくりでいいよ。ゆっくりで」

山高さんは、補助する助手にそう声をかけながら、電気メスでくっついた肺をていねいにはなしていきます。

「いいですね、できました」

呼吸器外科の医師が明るい声を上げます。山高さんがかくれていた肺動脈を見つけたのです。

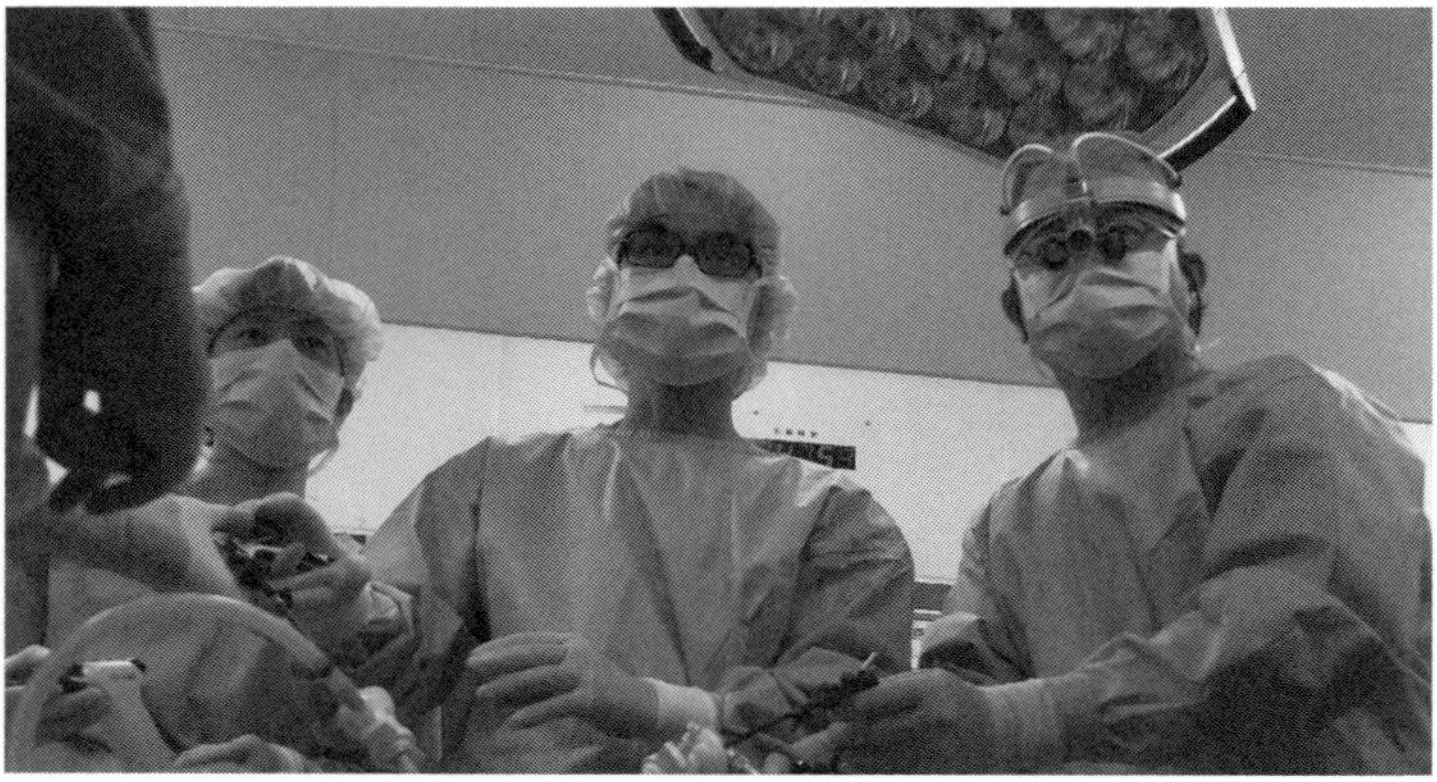

モニターを見ながら内視鏡手術をおこなう山高さん（写真中央）。

「いきます」

山高さんはモニターを見ながら、慎重に動脈を切除しました。

次は静脈です。あるはずの場所を内視鏡で探っていくと、一瞬、太さ4ミリほどの静脈がモニターに映りました。それを見た山高さんは、「あれ？」と思いました。その静脈に、どこか違和感があったのです。

（ハナちゃんの体格からすると、わずかに細い……）

そう感じた山高さんは、その静脈は切らずに、周囲を内視鏡で探りはじめました。

そのときです。なんと、静脈がもう1本あらわれたのです。

「静脈が2本ある……」

それはとてもめずらしいケースでした。でも山高さんは、最初の血管の細さから、この可能性を予想していたのです。

もし、違和感をおぼえないまま、最初の静脈を切って手術を進めていたら、結果的には胸をメスで開くことになっていました。そのあいだに、子どもの場合は心臓が止まっていたと言います。

「じゃあ、いきます」

山高さんは静脈を切断し、無事に肺の下葉を切除しました。あとはのこった肺が機能するかどうかです。山高さんは、ハナちゃんの肺に酸素を送りこむように指示しました。肺がふくらめば、手術は成功です。

呼吸器の医師も、麻酔の医師も、みんな固唾をのんで見守ります。

すると、モニターに映るハナちゃんの肺が、少しずつ動き、そして大きくふくらみました。

「いやー、OKです！　おつかれさまでした！　ほんとすばらしい！」

呼吸器の医師が声をはずませ、山高さんの腕をほめました。

「どうもありがとうございます！　麻酔科さんも、ありがとう！」

山高さんは無事に、内視鏡での肺切除という大手術をやりとげたのです。

「とれました」

山高さんから手術の報告を受けると、ハナちゃんのお母さんはほっとして涙を流しました。

「まだ数日は油断できないけど、血がバーッとでるような出血は1回もありませんでした」

それを聞いて、お父さんも目頭をおさえました。

手術の翌日。山高さんがようすを見に行くと、ハナちゃんは病室のベッドで元気な顔を見せました。

「元気になってきたから、おなかがすいたって言うんです」

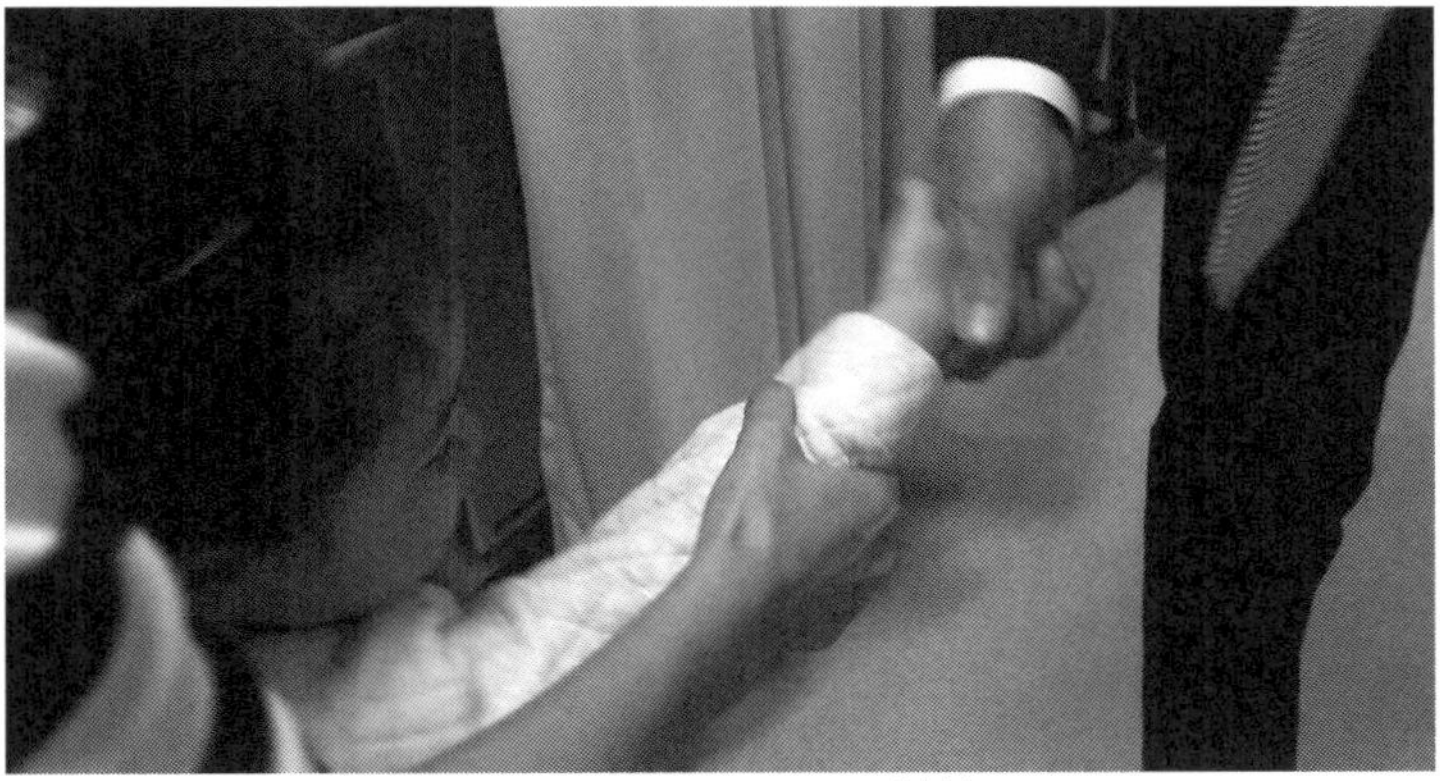

元気になったハナちゃんの手をしっかりにぎる山高（やまたか）さん。

そんなお父さんのことばに、山高（やまたか）さんは、うれしい返事をしました。

「いいよ。アイスクリームとか食べて。でもゆっくり食べてね」

それを聞いてハナちゃんは、まるで花が咲（さ）くように笑顔になりました。

さっそくアイスクリームをお父さんからひとさじもらうと、小さなかわいい声でこう言いました。

「おいしい〜」

「1日でアイスが食べられるようになるなんて」

両親は内視鏡手術（ないしきょうしゅじゅつ）の回復（かいふく）の早さにおどろくばかりでした。

手術からわずか5日後。ハナちゃんはベッドの上でおどるまでに回復し、退院が決まりました。

「握手してもらいなさい」

お父さんに言われ、ハナちゃんは山高さんに小さな右手をさしだしました。

その手をしっかり受け止めると、山高さんはハナちゃんを真っすぐ見つめて笑いました。それは、手術室ではけっして見せない、やさしいお医者さんの顔でした。

「レッツゴー！」

ハナちゃんは楽しそうに声を上げて、両手をふりながら病院をさっていきます。

ひとりでも多くの子を、こんなふうに日常生活へもどしてあげたい。

山高さんは、ハナちゃんの後ろ姿を見送ると、治療をまつ次の子どものもとへと向かっていきました。

※46ページから76ページの患者さんの名前は仮名です。

恐れの先に、希望がある

山髙篤行

プロフェッショナルとは

妥協をゆるさない準備、反省をする人。
そして、仕事を完璧にキメないと、
自分をゆるせない人、だと思います。

第258回2015年3月16日放送

こんなところがプロフェッショナル！

むずかしい手術を成功させる山高篤行さん。
こんなところがすごいよ。

リスクをつぶして限界に挑む

山高さんは、自分で限界を決めません。リスクが高くて絶対に不可能といわれる手術でも、さまざまな手をつくしてそのリスクをひとつずつつぶしていきます。その結果、「できる」という自信が生まれるのです。

四六時中ずっと考えている

山高さんは、手術が決まると、四六時中その手術のことばかり考えていると言います。その子の病気を治してあげたい……。その思いが、頭からはなれないのです。

内視鏡のエキスパート

体に小さな穴をあけてそこから手術するため、体への負担の少ない内視鏡手術。山高さんは、その内視鏡の手術でもエキスパート。全国の若い医師たちに内視鏡の手術を指導しています。

週に2回ジムにかよう

日々むずかしい手術をして緊張の連続の山高さん。週に2回スポーツジムにかよっています。手術で神経をつかってつかれきっている体ですが、スポーツジムで体をきたえることが、心身のリラックスになるそうです。

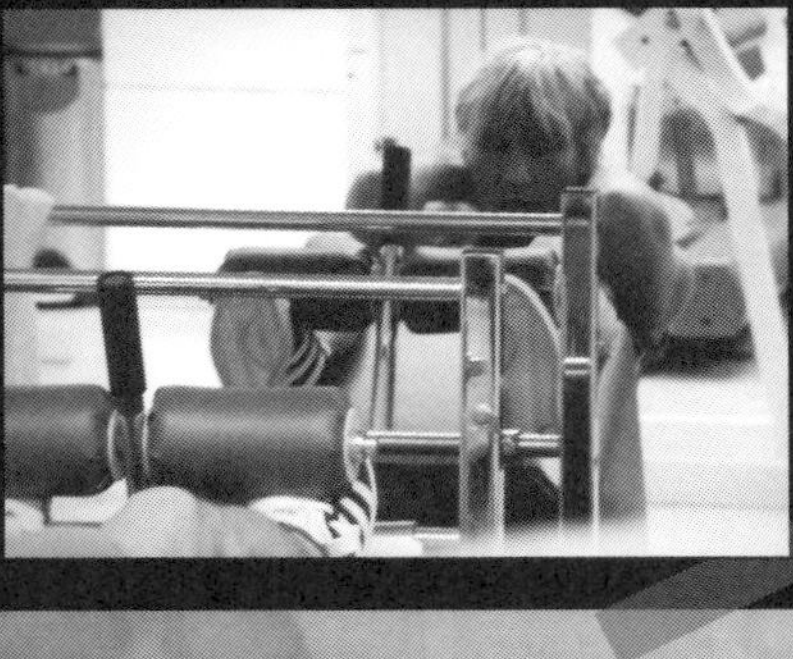

プロフェッショナルの格言

限界に挑む小児外科医、山高篤行さんのことばを心にきざもう。

あせるときこそゆっくりと

「あせりそうになるときこそむしろゆっくり。それが結果的にはいちばん早い」。山高さんが、1万人を手術してつかんだ心得です。

手術は、手術する前に終わっている

手術の準備をなんどもなんどもくり返す山高さん。「手術の9割は、手術前の準備で決まる。つまり手術は、手術する前に終わっている」と言います。

のこりの人生が外科医の腕に左右されちゃう

「この手術でその子どもの何十年という人生が変わってくる。小児外科医は子どもの人生を背負っている」。そんな思いをもち、むずかしい手術に挑み続けます。

脅威（きょうい）のエボラ、英知をかけて挑（いど）む

ウイルス学者
高田礼人（たかだあやと）

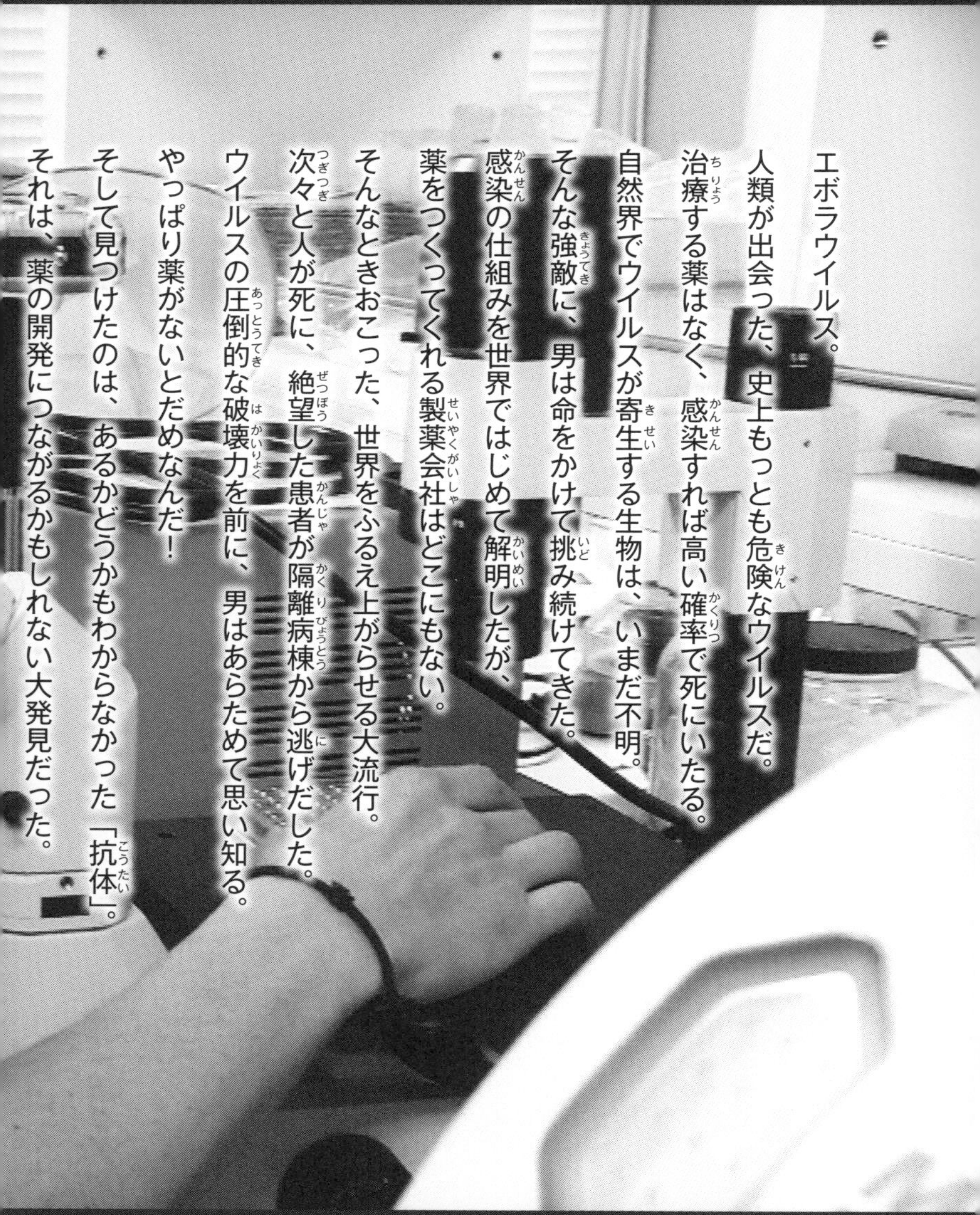

エボラウイルス。
人類が出会った、史上もっとも危険なウイルスだ。
治療する薬はなく、感染すれば高い確率で死にいたる。
自然界でウイルスが寄生する生物は、いまだ不明。
そんな強敵に、男は命をかけて挑み続けてきた。
感染の仕組みを世界ではじめて解明したが、
薬をつくってくれる製薬会社はどこにもない。
そんなときおこった、世界をふるえ上がらせる大流行。
次々と人が死に、絶望した患者が隔離病棟から逃げだした。
ウイルスの圧倒的な破壊力を前に、男はあらためて思い知る。
やっぱり薬がないとだめなんだ！
そして見つけたのは、あるかどうかもわからなかった「抗体」。
それは、薬の開発につながるかもしれない大発見だった。

✷おそろしい新型ウイルス

「つかいすぎて、ここ、こわれてる」

ガタのきたスーツケースの角を気にしながら、海外へ出かける準備をしている男の人がいます。

長い髪をざっくりとむすび、顔の下半分にひげをはやしたその人は、髙田礼人さん。あだ名は「お侍先生」です。

「この髪、ぼくにいちばん似合ってるんじゃないかと思うんだ。みんながぼくにもってるイメージは、たぶん落ち武者。落ち武者だけど剣豪みたいな」

その落ち武者の外見からは想像できませんが、髙田さんは世界的なウイルス学者で、北海道大学を研究拠点にしています。専門はインフルエンザウイルスやエボラウイルスです。

ウイルスとは、生き物の細胞などに寄生して増えていく、目には見えないほど小さな病原体です。たとえばインフルエンザという病気は、インフルエンザウイルスに感染することでおこり、感染力も強く、しばしば大流行します。世界ではこれまで多くの人が、この病気のせいで亡くなりました。1918～1919年におきた世界的大流行では、6億人がインフルエンザウイルスに感染し、3000万人ともいわれる人が亡くなりました。

その上インフルエンザウイルスは、生きのびるために、ときどき自分の特徴を変えてあらわれます。それが「新型」とよばれるインフルエンザウイルスで、これまでのワクチンが効かないので、気をつけないと大流行をひきおこすのです。

ある日、高田さんはインドネシアからウイルス調査をたのまれました。近年、鳥のインフルエンザウイルスが人に感染し、多数の死者がでていたため、新型ウイルスになるかもしれないこの鳥インフルエンザウイルスが見つかるか、調べて欲しいというのです。

インドネシアについた高田さんは、ニワトリを生きたまま売る市場に向かいました。ウイルスに感染しないよう、万一に備えてマスクをかけ、手袋をはめ、白衣をまとって市場の奥へ入っていきます。そこは、むしった羽毛や血、骨など、解体したニワトリの残骸が一面にちらばった不衛生なところでした。

「すごい環境。これがインドネシアだけじゃなくて東南アジアのいろんなところにある。鳥インフルエンザの宝庫だな」

そうつぶやきながら、髙田さんはニワトリのつめこまれたおりへと進んでいきました。

市場にきたのには理由があります。髙田さんが研究しているウイルスには、動物を仲立ちにして人間に感染するという特徴があるのです。

インフルエンザウイルスは、人間をふくむ哺乳類と鳥類の体に寄生します。もともとウイルスをもっているのは野生の水鳥ですが、彼らにはあまり症状がでません。ところが、ニワトリなどに感染すると、重い症状をひきおこすウイルスが生まれることがあり、「鳥インフルエンザ」とよばれます。

鳥インフルエンザウイルスに感染したニワトリと長い時間いっしょにいて、血液やふんに直接さわったり、飛び散ったウイルスを吸いこんだりすると、ごくまれに、鳥インフルエンザウイルスが人にうつることがあります。もしウイルスが、人の体

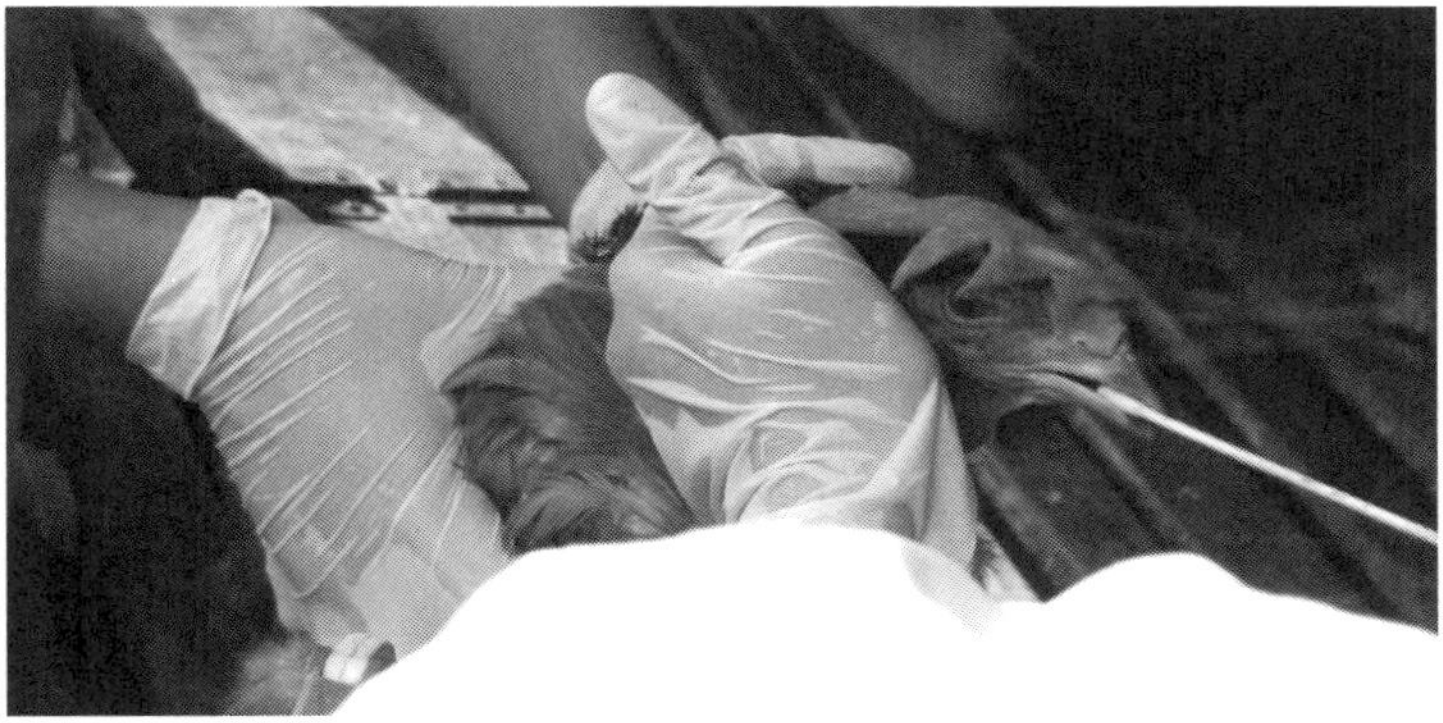

市場のニワトリの気管から粘液をとる髙田さん。

の中でも増えるように特徴を変えていたら、これまでなかった新型インフルエンザが生まれてしまうのです。

髙田さんは、市場の人に生きたニワトリをとりだしてもらい、その口の中に長い綿棒を入れて、気管から粘液をとりました。さらに、肛門にも綿棒をさしこみ、ふんもとります。それを、１００羽を超えるニワトリにおこないました。

髙田さんは、現地の研究機関で、採取した粘液とふんを調べました。すると、調べたニワトリから、インフルエンザの反応がでたのです。

「スピード重視でいこう！」

自分に気合いを入れると、髙田さんはそのウイルスが新型かどうか、さらに精密な分析をは

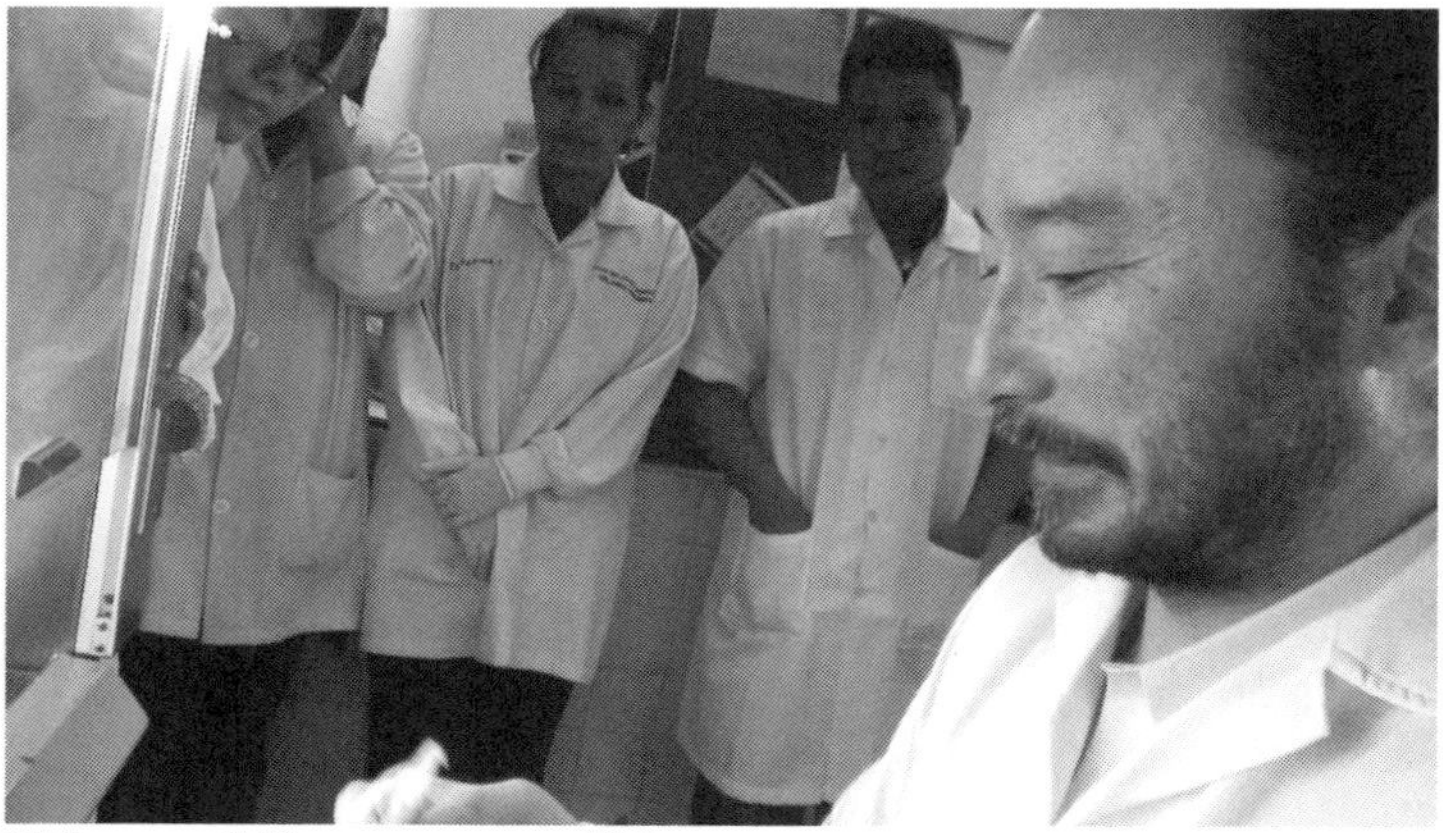

髙田さんの分析作業を見つめる現地の研究者たち。

じめました。

気づけば髙田さんのまわりには、インドネシアの若手研究者たちが集まり、作業のようすをじっと見ています。

手際よく分析作業をおこなう髙田さん。いかに正確に分析作業をするかが重要です。この作業も、かんたんそうに見えて、実は熟練の技。髙田さんは一気にその作業を終えると、ふーっと、大きく息をはきました。

「ないね」

検査の結果を見て髙田さんはつぶやき、それから大きな声で言いました。

「ネガティブ（陰性）、オールネガティブ！」

幸い、新型のインフルエンザウイルスは検出されませんでした。

世界的に有名な学者でありながら、求められればどこへでも調査にでかけます。それが髙田さんの日常なのです。

✴エボラウイルスの宿主を追って

ウイルス研究のために世界中を飛び回る髙田さん。この日は、アフリカ南部のザンビア共和国を訪れていました。目的は、エボラウイルスと共生している生物をつき止めることです。

エボラウイルスは、史上もっとも危険なウイルスといわれています。感染して「エボラ出血熱」という病気を発症したら、高熱や頭痛などからはじまり、下痢や嘔吐、さらには体のあちこちから出血して、ときに90パーセントの確率で死にいたります。ウイルスを殺す薬はまだありません。

ウイルスは、自然の中で、何かしらの生き物と共生しています。その生物を「自

■ ウイルスと抗体

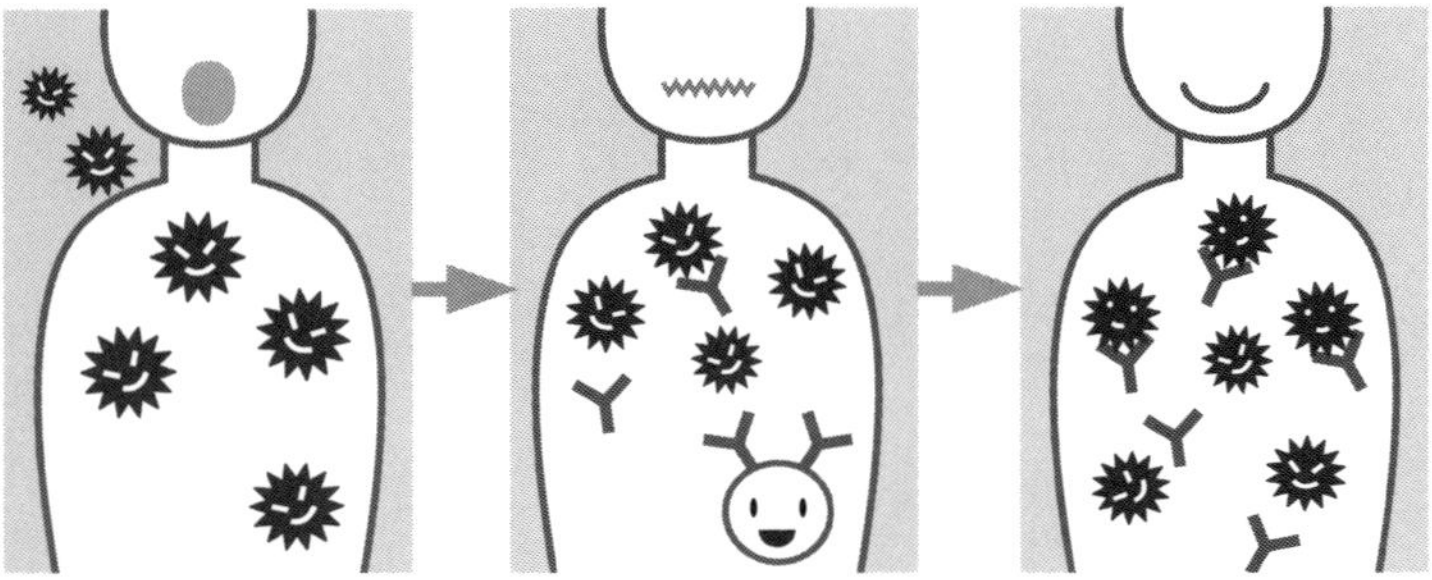

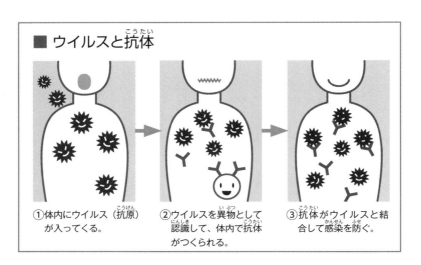

①体内にウイルス（抗原）が入ってくる。

②ウイルスを異物として認識して、体内で抗体がつくられる。

③抗体がウイルスと結合して感染を防ぐ。

然宿主」といい、ウイルスはその自然宿主となる動物には悪さをしません。たとえばインフルエンザウイルスの自然宿主は水鳥ですが、ウイルスが体にいても、水鳥は平気なのです。

エボラウイルスにも、「自然宿主」がいるはずですが、それが何かはまだわかっていません。おそろしいウイルスをもちながら、元気に暮らしている生き物が、世界のどこかにいるはずなのです。

自然宿主がわかれば、その生物との接触を避けるよう人々に注意をうながすことができます。髙田さんは、それがアフリカのコウモリではないかとうたがい、そのコウモリが暮らすザンビアで、２００７年から調査をしてきました。

これまでの研究で髙田さんは、コウモリがエボラウイルスに対する「抗体」をもっていることをつき止めていました。抗体は、ウイルスが体内に入ってきたとき、感染を防ぐためにつくりだされる物質です。

コウモリにエボラウイルスの抗体があるということは、過去にウイルスに感染していたかもしれないことを意味し、コウモリがエボラウイルスの自然宿主である可能性をしめしているのです。もし、コウモリの体内からウイルスが発見できたら、決定的な証拠となります。

今回の調査では、地元の野生動物管理局の助けを借り、２日間かけてコウモリをつかまえました。防護服を着て、地元の人ですら立ち入らない洞窟へ入っていくのも、自然宿主を見つけるためです。

髙田さんは、ザンビアの研究機関に入ると、つかまえたコウモリから血液を採取し調べました。

ところが今回もエボラウイルスは検出されませんでした。

「なかなか手がかりがねぇ……」

エボラウイルスの抗体をもっているオオコウモリ。

髙田さんはがっかりしてつぶやきました。

「ただ、抗体は検出される。だから、どっかで感染はしてきているかもしれないけど、つかまえたときにはウイルスをもっていないんだ」

帰国した髙田さんは、大学の研究室にこもり続けました。そしていままでの調査データを洗いだしたところ、ある不思議なことに気がつきました。

「コウモリの抗体を調べたら、２０１３年にザイール種がでて、それで西アフリカのアウトブレイク。これがザイール種なんだ……」

エボラウイルスには５つの種類があります。

「スーダン種」「ブンディブギョ種」「レストン

種」「タイフォレスト種」、そして「ザイール種」です。

２０１３年に髙田さんがつかまえたコウモリからは、それまでとくらべ、ザイール種の抗体が多く見つかっていました。するとその翌年、西アフリカの人のあいだで、ザイール種のエボラウイルスの感染が爆発的に広がる「アウトブレイク」とよばれる状態がおきたのです。

さかのぼって調べると、人とコウモリが感染したウイルスの種類が、ほぼ一致していました。

「偶然にしてはちょっとできすぎな感じがする。これ見ると、次はこの種がでてくるのかもねって、いえるのかもしれない……」

毎年コウモリをつかまえて抗体を調べれば、人に流行するエボラウイルスの種類を予測できる可能性があります。それは、長いあいだ続けてきた研究が導きだした、新たな真実でした。

髙田さんには目標があります。それは、あるかどうかもわからない「究極の抗

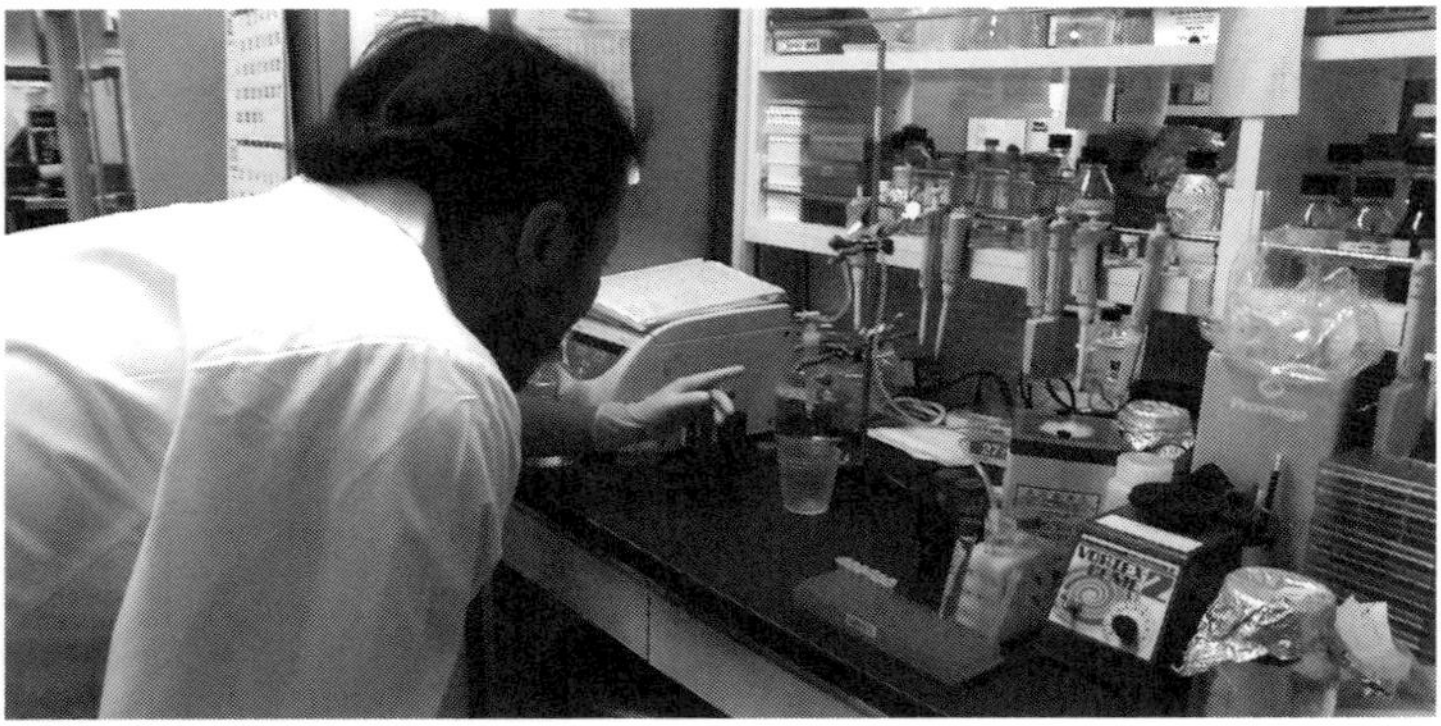
実験結果の報告を聞く髙田さん。

体」を探しだすこと。5種類あるエボラウイルスの、すべての感染を防ごうと働く抗体を探しているのです。

現在は、ひとつの種類にだけ効く抗体しか見つかっていませんが、もし5つすべてに効く抗体が見つかれば、かつてないエボラウイルスの治療薬がつくれます。そのための研究を、地道に続けてきた髙田さん。この日、まちにまった実験結果がもたらされました。

「抗体が11種類もとれました」

会議の場でそう報告したのは、髙田さんの研究室のメンバーの女性です。

「ザイール種?」

髙田さんが聞きます。

脅威のエボラ、英知をかけて挑む

髙田礼人

「ザイール種です。そのうちのひとつは、なんと交差活性がありました」

「え!?」

髙田さんは、おどろいてさけびました。ザイール種以外のほかの種のエボラウイルスに対しても、感染をおさえる可能性があるというのです。

「うそ！　全部のエボラの種類に同じくらい、すべて中和活性をしめすの？」

「全部です」

ついに、5つの種類すべてに効く抗体が見つかったかもしれないというのです。

「そんな抗体って世界ではじめてなんで。慎重にことを進めてもらえますか。だいじにしてね」

髙田さんは興奮をおさえ、指示しました。

「いちおう、愛情をもって飼ってます」

抗体を飼っているというユーモアのある返事に、みんな大笑いです。

それから2週間かけて抗体の力を実際に確かめていきます。よい結果が得られれば、だれもなしとげていない世界的な発見となります。

でも髙田さんは、いつもと変わらず落ち着きはらっていました。そこには、科学者としてつらぬく流儀があるのです。

やるべきことを、たんたんと

「ぼくがやらないと、ぼくたちのグループがやらないと、どこもできないんじゃないかっていう、そういう使命感があるんだ」

髙田さんは、いつもそう思っています。

〝抗体がある。それが効くはずだ。それが効くということを科学的に証明する。〟

髙田さんは、科学者の役目とは、証明するまでの研究をたんたんと続けることだと考えているのです。

エボラウイルスの5つの種類に効く可能性がある抗体を発見してから2週間目、髙田さんが楽しみにしていた、分析結果のでる日がやってきました。

「最初のものは、これくらい光ってます」

研究室のメンバーが見せてくれた画像には、ウイルスに感染している細胞がたくさん光って見えます。

「まずはザイール種から見ます」

あの抗体を入れた結果の画像が映しだされます。画像からは光が消え、ウイルスが劇的に消滅しています。

「次はスーダン種になります」

スーダン種も、ほぼ消滅。さらにのこり3つの種類も消滅。エボラウイルスの感染を、99パーセントの確率でおさえることができていたのです。

「すごい抗体だね」

髙田さんは思わずつぶやきました。それは驚異的な力を実証した、世界ではじめての快挙でした。

「ちゃんとエボラウイルスに効いてるということがはっきりした。大きな一歩だ。いますぐ人に投与できるようにして、アフリカにもって行きたいくらいだ」

念願の抗体の発見です。しかし髙田さんは、やはり冷静。いつもと同じようにたんたんと研究を続けます。

その後、世界的な発見の貴重な抗体をつかって、製薬会社と協力することがついに決まりました。

✴薬がないとだめなんだ

「ただいま～」

髙田さんが帰宅するのは毎晩11時すぎ。妻の詠子さんとお酒を飲むのが、唯一の心安らぐ時間です。

「おつかれー！　ういーっす」

詠子さんのかけ声で乾杯すると、髙田さんは、冷えたビールを一気に飲みほしました。

「今日は剣道を見ようかなと思ってたんだよね」

手巻きずしを巻きながらつぶやきます。見はじめたのは、録画していた剣道の試合でした。

髙田さんは、学生時代から剣道に打ちこみ、研究室にも、「筋トレ用」といって竹刀をおいています。仕事の合間に、ときおり本気でふっているのですが、落ち武者の外見で刀をもつと、本当に侍のようです。

「これをもってると、無敵な感じがするんだよね」

家にある木刀をもちだしてかまえてみせる夫に、詠子さんは「意味わかんない」と笑うのでした。

世界の第一線でおそろしいウイルスと向き合っている髙田さん。なぜこの世界に足をふみ入れたのでしょう。

髙田さんは、子どもの頃から生き物が大好きでした。

幼い頃から毎年心待ちにしていたのは、北海道の祖父母の家ですごす夏休み。野山をかけめぐり、虫や魚をつかまえるのが、楽しくてしかたありませんでした。大きなイワナをつり上げてさばいてみたら、中からセミがでてきたこともあります。

「イワナって、セミ食ってんだ！」

ウイルス学者河岡さん（左）と髙田さん（右）。

髙田さんはおどろきました。

大学は北海道大学の獣医学部に進学しました。その後、アメリカで研究員をしていた27歳のとき、ウイルス学者の河岡義裕さんから、こんなことばをかけられました。

「エボラウイルスの研究をやってみないか」

エボラウイルスが発見されたのは、わずか20年前の1976年。非常に高い致死率にもかかわらず、「アフリカの風土病（特定の地域で発生する病気）」と見なされ、研究する科学者はほとんどいませんでした。

ところが髙田さんは、河岡さんのことばを、ふたつ返事でひき受けます。

「おもしろいじゃん。やってる人が少ないし、まだ何もわかってないってことを研究するなんて」

そう思ったのです。

けれど、その研究をはじめるには大きな障害がありました。エボラウイルスは猛毒なため、絶対に外にもれないよう「ＢＳＬ４」という世界最高のセーフティレベルの実験室でしかあつかうことができないのです。

まだ科学者としてかけだしの髙田さんには、その実験室をつかわせてもらうだけの実績がありませんでした。

「ＢＳＬ４をつかわなくても、エボラウイルスを研究できないか……」

髙田さんは考えた末、前代未聞の手法に取り組みます。それは、毒性の弱い別のウイルスに、エボラウイルスの成分をおきかえることで毒性を弱めた、いわば「偽エボラ」をつくることでした。

「みんなが考えないことを証明するとか、みんなが思いつかないことを発見してやっていくのって、おもしろい！　ほかのだれもやらない発想とか、思いつかないようなことをやろうっていうのは、オリジナリティーだから！」

1年がかりで「偽エボラ」づくりに成功した髙田さんは、ウイルス研究の世界にのめりこんでいきました。

日本に帰った髙田さんは、36歳の若さで母校の北海道大学の教授になりました。そして、偽エボラで研究を重ね、エボラウイルスに効く画期的な抗体を探しだしたのです。

抗体は、ウイルスが体内に入ってきたとき感染を防ぐためにつくりだされるものなので、抗体があれば治療薬がつくれます。ところが、薬をつくろうと名乗りを上げる製薬会社はひとつもありませんでした。

「興味ないですか?」と髙田さんが聞いても、「いや、ちょっと……」と興味のない返事ばかり。

エボラ出血熱は、当時はアフリカで1年に1回ほど発生するだけで、亡くなる人の数は何十人~数百人でしたから、髙田さんにはその理由がわかりました。

「それしかニーズがないんじゃ、薬をつくったって、お金がもうからないからやる気にならないんだろう。インフルエンザくらい薬を必要とする人がいればやるんだろうけど……」

それでも髙田さんはあきらめませんでした。その頃には実験室「BSL4」が借りられるようになっていたので、アメリカにかよっては、動物をつかっての実証試験をくり返しました。そして5年後、世界ではじめてサルを用いた実験で、抗体の効力が確かなことを証明したのです。

しかし、それでも薬をつくろうと声を上げてくれる製薬会社は、世界のどこにもありません。

「エボラはしょせん、アフリカの風土病だ」と、日本や欧米の人には相手にされなかったのです。

そんな中、とんでもない事態がおこりました。

２０１４年、西アフリカからはじまったエボラ出血熱が大流行したのです。感染を止めようと治療にかけつけた外国の医師などにも感染。現地から帰国した人がウイルスをもっていて、感染は欧米の国々に飛び火しました。結局、感染者は２万８０００人を超え、死者は１万１０００人以上という、かつてない大惨事とな

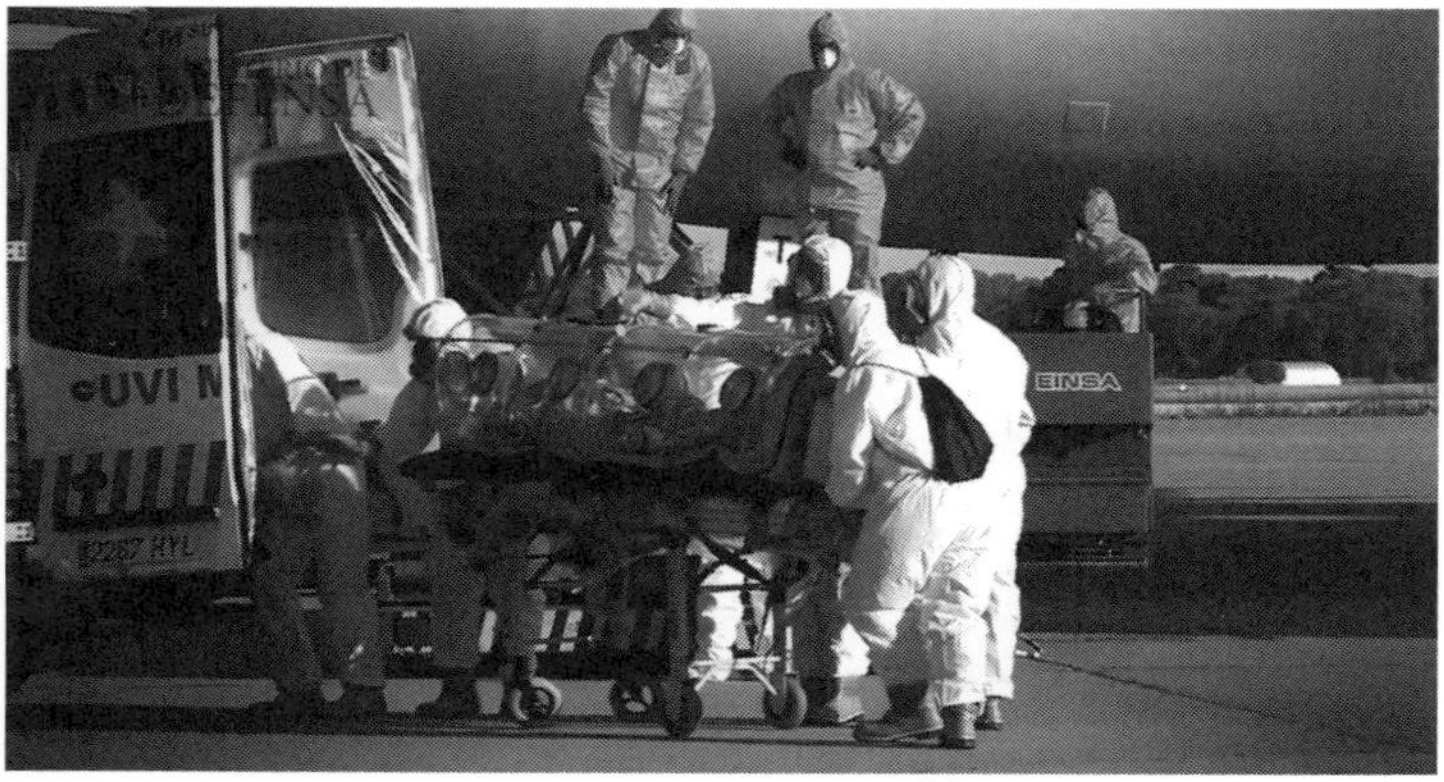

2014年に大流行したエボラ出血熱は、世界中を震かんさせた。

ったのです。

そんなことになってしまった最大の要因は、根本的な治療薬がなかったことです。髙田さんは、やりきれない気持ちでいっぱいでした。

「ずっと前からやってきたのに、間に合わなかった。ちゃんとやれば薬ができていたはずなのに、供給できる薬がないなんて！」

治療を受けても人々は次々に死んでいきます。隔離されても治療薬がないため、自分たちはここで死ぬだけなんだと思い、隔離病棟から逃げだす人々もいました。それを見ながら髙田さんは思いました。

「そこへ行ったら治るかもしれない、治る可能性がちょっと上がるという状況なら、感染した人も隔離病棟へ行って医師の言うことを聞いてくれるかもしれない。そのためにも、やっぱり薬がないとだめなんだ！」

以来、高田さんは、治療薬の開発にもてる力のすべてを注ぎこんでいったのです。

✴未来のためにできること

２０１４年10月。その日、政府からの緊急要請を受けた高田さんは、アフリカのザンビアをまた訪れていました。この１年で４度目の訪問です。

向かったのは、エボラ対策の拠点のひとつ、ザンビア大学。北海道大学は８年前から、この大学に日本人研究者を派遣し、技術指導をおこなっていたのです。

ザンビア大学のアーロン・ムエネ教授は、高田さんにこう言いました。

「ザンビアでエボラウイルスへの感染がうたがわれる患者がでた場合、その人が感染しているかどうかの診断を、ザンビア大学と北海道大学で、になって欲しいんだ」

その時点では、ザンビアではひとりもエボラ感染者はでていません。でも、となりの国のコンゴは、エボラ出血熱が世界で最初に発生した場所です。いつ国境を越えて、ウイルスが入ってきてもおかしくありません。

「ザンビア大学の研究者に、ウイルスの安全対策について教える必要があるよ」

髙田さんのことばに、ムエネ教授はなんどもうなずきました。

エボラウイルスの感染を広めないためには、的確な診断による早期発見がとても重要です。そのためには、ザンビアの人々も診断をおこなえるような体制をととのえる必要があると、髙田さんは考えていました。

「彼らが、彼ら自身で診断できるようになって欲しい。それをぼくらが最初はお手伝いしてあげて、ぼくらがいなくなったあとも、自分たちだけでできるようになるっていうのをめざそう」

ただ、ザンビアの研究者の中には、診断のための技術をもっている人がまだいません。でも髙田さんには、期待を寄せているひとりの研究者がいました。

名前はカテンディさん。37歳の大学講師です。２年前に北海道大学に留学し、髙田さんの下で5か月間、エボラウイルスの研究をおこなった彼女は、帰国後もエボラウイルスについて学び続けていました。

「エボラの研究に関わったという自負が、彼女には強いはずだ」

髙田さんはそう思っていました。何より、ザンビア大学の研究者の中で、エボラウイルスの知識をしっかりもっているのは、カテンディさんだけなのです。

そんな矢先、髙田さんの滞在中に、事態は突然動きました。南部の町でトラックの運転手が謎の死をとげ、エボラウイルス感染がうたがわれているというのです。

駐在中の日本人研究員梶原さんが報告します。

「最新情報としては、午後2時くらいに、ここに到着するんじゃないかと。30分前くらいに電話がありました」

大学のムエネ教授もかけつけ、表情をくもらせて髙田さんに言いました。

「政府はこの件についてかなり心配している。なにせ突然死の上、患者はコンゴから国境を越えてやってきているんだからね」

患者の血液は1時間後に届きます。髙田さんの指示で、現地の日本人研究員がカテンディさんに言いました。

「君もいっしょに診断して欲しい」

「OK。わかりました」

カテンディさんは力強く返事をしました。

午後3時、予定より1時間遅れて、亡くなった男性の血液が届きました。小さな箱を受けとる髙田さんたちは、みな防護服で厳重に身を守っています。

自らも感染するリスクのある、危険な作業がはじまりました。

髙田さんは、24時間以内には結果がだせると思っていましたが、思わぬ問題がおこりました。血液が、死後1日たってとったものだったので状態が悪く、診断にさしさわるのです。

「遠心して、上澄みをとりあえずとって」

髙田さんがてきぱきと指示します。日本人研究員は、血液を遠心分離器にかけ、成分を慎重に分離させると、薬液とまぜて毒性をなくし、安全に検査できるようにしました。

カテンディさんの作業を見守る髙田さん。

ここからが、血液を診断できる状態にもっていくための重要な作業です。髙田さんは、その仕事をカテンディさんにまかせることにしました。

カテンディさんにとってははじめての経験で、マニュアルを手ばなすことができません。しまいには、プレッシャーで手が止まってしまいました。

見かねた日本人研究員が作業をかわろうとすると、見守っていた髙田さんがカテンディさんに言いました。

「君がやるんだよ」

カテンディさんは、再び作業をはじめましたが、不安と不なれで、作業がはかどりません。それでも髙田さんは、手を貸しませんでした。

「マニュアルどおりにやるのは研究じゃない。自分で手を動かして、考えて、やって、それを何回もくり返して、やっと身につくものだからね」

カテンディさんにそれを知って欲しかったのです。

いよいよ診断をくだすときがきました。カテンディさんが、判定する機械のスイッチを入れます。

あらわれたデータは陰性。髙田さんは無言でうなずきます。そばにいたムエネ教授も、ほっとしていました。

でも、血液の状態が悪かったため、髙田さんはもう一度検査をおこなうことにしました。

「じゃあカテンディさん、よろしくね」

「はい、まかせてください！」

カテンディさんは、髙田さんの要請に力強くこたえました。

最後までいっしょにいるからとはげまし、髙田さんは、重要な任務をすべてカテンディさんにゆだねました。

エボラウイルスとの闘いは、この先もずっと続いていきます。髙田さんには、あとに続く人たちに伝えたい、科学者としての誇りがありました。

仕事は、だれかのために

「仕事って、だれか人のためにやっているよね。それは研究者も同じ。研究は好きなんだけど、それでなりたつわけない。社会の中の仕事って、必ず人のためだと思う。人の生活をよりよくしていくっていうのが、科学者の役目だと思うんだ」

その夜、カテンディさんは、自らの力で作業をやり通しました。そして翌朝、髙田さんはカテンディさんの検査結果を見て、診断をくだしました。

「ネガティブ（陰性）です」

男性はエボラウイルスに感染していなかったのです。

カテンディさんは、髙田さんたちの後ろにかくれるようにして、白い歯を見せて笑っています。自分でできたこと、そして陰性という結果にも、ほっとしているようでした。高田さんは言いました。

「今回のような重大な診断が必要なとき、君が責任をもってやってくれるようになるとぼくは思っているからね」

「ありがとうございます」

カテンディさんは胸をはっていました。

「診断業務をまかせてもらえて光栄です。みなさんがいなくてもやっていけるようにがんばります。ありがとう」

「そうなれば、ぼくもうれしいよ」

ひと月後。高田さんはさらなる研究に乗りだしていました。エボラウイルスに効く治療薬を、より大量に、より安くつくるための物質をゼロから探すのです。

「先長いですよ～、これは」

研究室と世界の国々を行ったりきたり。顕微鏡をのぞき、コウモリをつかまえ、高田さんは、まだ見ぬ真実を追って闘い続けています。

脅威のエボラ、英知をかけて挑む

髙田礼人

プロフェッショナルとは

どんな仕事でも、それは自分以外の
だれかのために役に立っているものだと
思うんですよ。
だからそのために、自分のできることとか、
自分のオリジナリティーをちゃんと
活用している人だと思います。

第250回2015年1月5日放送

こんなところがプロフェッショナル！

エボラウイルスに向き合い続ける、髙田礼人さん。
そのほかにもこんなところがすごいよ。

いつももち歩いているかばん

緊急要請があれば世界中どこにでもかけつけられるよう、必要なものがすべて入ったかばんをもち歩く髙田さん。とくに大切なものは、いくつも入れておくそうです。

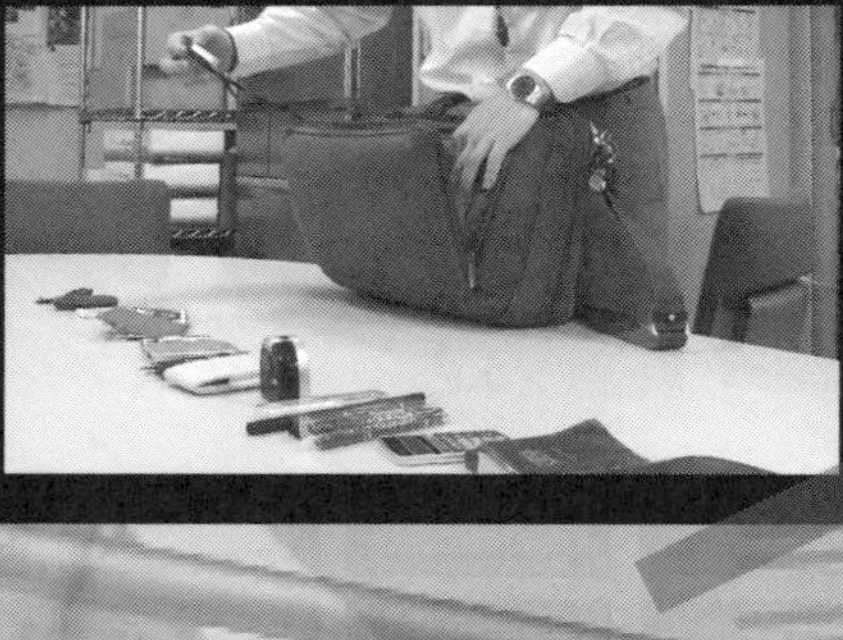

高い基準のセーフティーレベル

毒性のきわめて高いエボラウイルスをあつかうため、国内でもきびしいセーフティーレベル、BSL３の実験室で研究を進める髙田さん。詳しい研究の内容も、建物の構造すらも極秘中の極秘です。

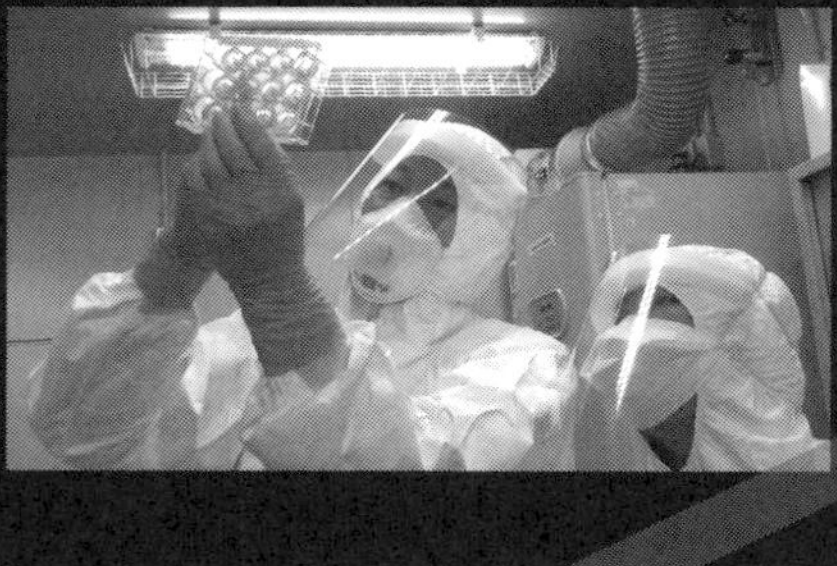

だれかのために、世界中を飛び回る

1年のうち、半分近くは世界を飛び回る生活の髙田さん。どんなにいそがしくても、どんなに研究環境がととのっていない途上国でも、調査を求められれば自ら現場におもむくのです。

特別に配布された体温計

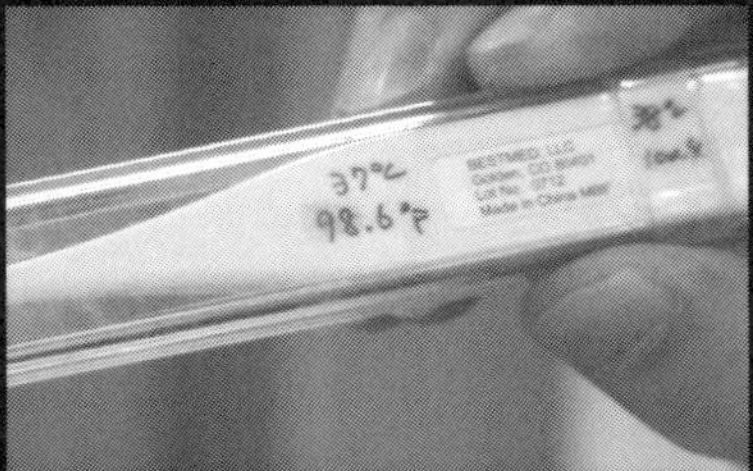

エボラウイルスをあつかう髙田さんは、アメリカ最先端のウイルスの研究機関から、毎日体温を計るように命じられています。感染症の研究は、つねに危険ととなりあわせなのです。

プロフェッショナルの格言

世界的なウイルス学者、髙田礼人さんのことばを心にきざもう。

やるべきことを、たんたんと

エボラウイルスの世界的な発見をしたときでさえ、落ち着きはらったようすをくずさない髙田さん。治療薬ができるときまで、自分たちにしかできないことを続けるのだという、強い使命感をつらぬいています。

仕事って、必ず人のため

子どもの頃から生き物好きで、研究の道に進んだ髙田さん。いまでは、好きだからというだけではなく、だれかの役に立ち、人の生活をよりよくしていくことが科学者としての自分の役目だと考えています。

ぼくらがいなくなったあとも、自分たちでできるように

エボラウイルスとの闘いは、この先も世界中で続いていきます。あとに続く研究者たちが、自分で考え、責任をもって行動ができるように、髙田さんは技術指導にも力を入れています。

闘う介護、覚悟の現場

介護福祉士
和田行男

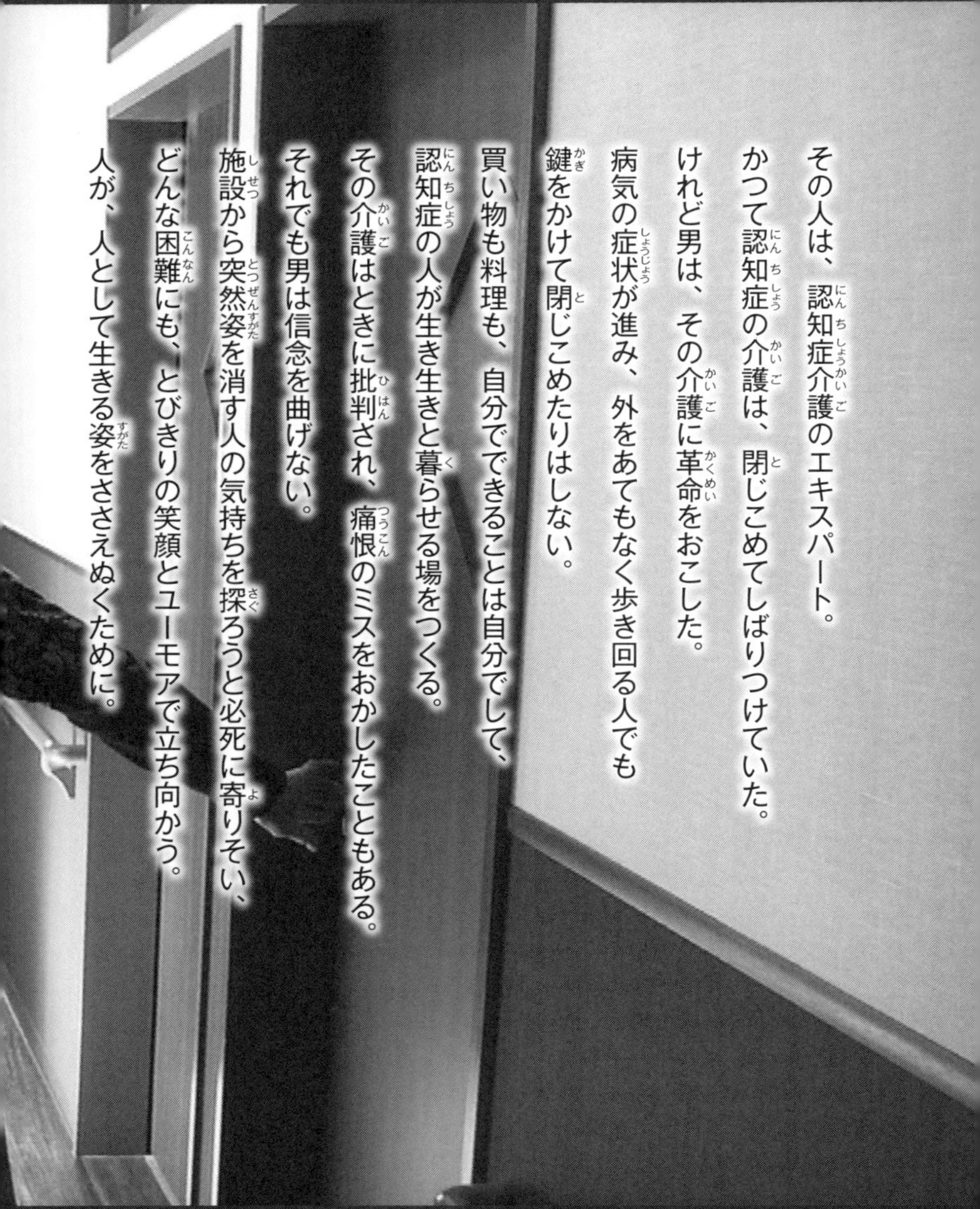

その人は、認知症介護のエキスパート。
かつて認知症の介護は、閉じこめてしばりつけていた。
けれど男は、その介護に革命をおこした。
病気の症状が進み、外をあてもなく歩き回る人でも
鍵をかけて閉じこめたりはしない。

買い物も料理も、自分でできることは自分でして、
認知症の人が生き生きと暮らせる場をつくる。
その介護はときに批判され、痛恨のミスをおかしたこともある。
それでも男は信念を曲げない。
施設から突然姿を消す人の気持ちを探ろうと必死に寄りそい、
どんな困難にも、とびきりの笑顔とユーモアで立ち向かう。
人が、人として生きる姿をささえぬくために。

✳最期まで人として生きて欲しい

そこは、愛知県名古屋市にある「グループホーム」とよばれる介護施設。認知症のお年より17人が、職員の助けを借りながら共同で生活しています。入所しているお年よりの中には、身よりのない人もいれば、家族にはお世話がむずかしく、自宅をはなれて暮らしている人もいます。

早朝5時。施設の一室で、ひとりの男性が目を覚ましました。この施設を立ち上げた和田行男さんです。すでに起きている職員に時間を確認すると、「よし！」と気合いを入れて体をおこしました。

和田さんは、専門的な介護技術と知識をもった「介護福祉士」。中でも、認知症介護のエキスパートです。この施設をふくめ、東京都内を中心に、グループホームや通所介護の施設など、23か所の介護事業所をまとめています。昨日は自宅に帰らず施設にとまりこんでいました。

闘う介護、覚悟の現場

和田行男

認知症のお年よりが生活している名古屋のグループホーム。

認知症とは、病気などで脳の働きが悪くなって、記憶力や理解力が低下し、生活していく上で支障がでてしまう状態のことをいいます。たんなる物わすれとはちがい、身内など親しい人のことをわすれてしまったり、ついさっきのできごともおぼえていられなかったりします。不安を感じてふさぎこんだり、性格が変わってしまったりする人もいます。そのため、自分ひとりで生活することがむずかしくなるのです。

和田さんのお年よりへの接し方はユーモアにあふれています。明るく楽しい語り口で声をかけては笑わせ、相手の反応を見ながら心の距離を縮めていきます。

和田さんのことばに楽しそうに笑うお年よりたちは、一見深刻な認知症とは思えません。しかし、認知症は妄想にとりつかれたり、幻覚を見たりするなどの症状や、「徘徊」といって、あてもなく外を歩き回ってしまうこともあります。

そのため昔は、認知症になると、ふつうの暮らしとはかけはなれた状態で介護されるのがあたりまえだと思われていました。たとえば「徘徊」をはじめた人を、歩き回らないように、ベッドやいすにしばりつけたりしたのです。さらに、外にでて行けないよう、介護施設の出入り口には鍵がかけられました。

でも和田さんは、そんな時代に、こう主張しました。

人として〝ふつうに生きる姿〟をささえる

「認知症になっても、介護のしかたによってはふつうの暮らしを送ることができる」

和田さんはそのために新たな介護のしかたを、生みだしたのです。

お年よりたちは毎日、ホームから７００メートルはなれた市場までみんなで買い物にでかけます。その日食べる食材を買うためです。

闘う介護、覚悟の現場

和田行男

献立決めから買い物、料理まで自分たちでできることは自分たちで。

「ひき肉をね、３００グラム」

お金もお財布からお年よりが自分でだして、お店の人にはらいます。

「ありがとうございます」

市場の人たちも、認知症だからとかまえず、ふつうに接します。

八百屋さんは、バナナを買おうとするお年よりに、「バナナは、おいしいほうにされる？」と冗談を言って笑わせました。

その日の昼食はカレーライス。つかう食材は、タマネギ、グリンピース、ジャガイモ、ブタ肉、ニンジン。そして、フルーツのヨーグルトあえには、イチゴ、バナナ、ヨーグルトが入ります。

和田さんたちはこうしたメニューも、毎回お年よりたちが自分たちで決め、調理も自分たちでおこなえるように支援します。

料理だけではありません。洗濯物をほしたり、部屋を掃除したり、できることは自分でして、できないことだけを職員が助けているのです。

「自分でできることを自分でするっていうのは、生き生きできるもと。介護は、その人のもっている力をひきだしていくことだと思う」

和田さんは、いつもそう言っています。

「最期まで、人として生きて欲しい。人はだれもが自分のもっている力で生きていく。もっている力を自分でつかいこなせなくなっているのが認知症だと思うから、つかえるように応援していくのがぼくの仕事やな」

✴風を、吹かせる

この日、和田さんは入居しているひとりのお年よりの女性に、お部屋で話をしたいと声をかけました。

闘う介護、覚悟の現場

和田行男

それを聞いた女性は、リビングのいすから立ち上がろうとします。見ていると自分で立てそうなので、和田さんはけっして手を貸そうとはしません。壁の手すりを伝って歩きだすと、よびだされた彼女の不安を消すように、耳元に口を寄せてこんな冗談を言いました。

「ちょっと、ひそひそ話。くどいちゃおうかな〜と思って。あはは」

そして個室に入ってふたりになると、和田さんは言いました。

「ちょっと握手してもらってもいいですか？」

「はい」とだした右手をやさしくにぎります。

「あったかいね〜」

「あなたこそ、温かいよ」

「ぐっと、力を入れてみて」

話をしながら、何気なく左手でも握手をします。実は和田さん、こうして彼女の立つ力、歩く力、にぎる力の強さなどをさりげなくチェックしていたのです。その項目は、記憶力や身体能力など１５０にもおよびます。

認知症は、人によってその症状の進み具合がまったく異なるので、その人の状態をつかんでおくことは、お世話をする上でとても大事なのです。もし、にぎる力のおとろえた人に包丁をつかわせたりしたら、大けがにつながりかねません。

そのとき、女性が和田さんにたずねました。

「あなた、はじめてだね。お会いするの」

認知症の症状で、女性は毎日会っている和田さんをわすれてしまいます。

「そうですね」

和田さんは、すぐに会話を合わせます。「どうしたの？　わすれたの？」と相手を否定することは、けっしてありません。

「『和田さん』というんですよ」

和田さんは自己紹介しました。

「和田さん。いいお名前ですね」

「いいでしょう。なかなかかわいらしい頭をしているでしょ」

ツンツンと立たせた自分の髪の毛をなでて、おどけてみせます。

「そうですね。いい頭ですよ。あははは」

思わず女性が笑います。

「ほんまかいな。あははは」

和田さんは、この女性と会話をしているあいだ、自分の顔を女性の顔のすぐそばに近づけていました。どのお年よりと接するときも、和田さんはいつもそうしています。それは、相手の耳が遠いからだけではありません。においを確認しているのです。体のにおいや口のにおいを確認することで、その人の体の状態がわかるからです。体にふれ、耳もそばだて、五感をつかってお年よりの情報を得ているのです。

和田さんは医師ではないので治療はおこないません。でも施設の中には、結果的に認知症の進行を遅らせるのに役立つくふうがたくさんほどこされています。

たとえば、お年よりの個室のとびらは、色も形もすべて同じで、表札もありません。わかりにくくすることで、部屋をおぼえるよう、脳をトレーニングしています。部屋の明かりのひももこだわりのひとつ。背すじが曲がっている人が明かりをつけようと体をのばすことで、自然に運動してしまうようになっているのです。

入居者の性格や趣味なども頭に入れながら、声かけをする和田さん。

さらに和田さんは、入居者に「やろう」と思わせる魔法をかけることができます。その日も和田さんは、ひとりの男性に声をかけました。

「ご飯、といでもらっていいですか。昔とったきねづかで」

男性は料理が得意でしたが、施設にきてからまだ一度も台所に立ったことがありませんでした。

「わたしがたくの？」

そう言うと、男性は腕まくりをしてお米をとぎはじめました。そしてニヤッとうれしそうに笑って言いました。

「あのオトコは思いつきでやるでね。何を言いだすかわからん」

するとそこへ、女性たちがやってきました。高齢の女性は、男性に台所仕事をさせることに抵抗を感じる年代です。台所に立つ男性を見て、「自分がしなければ」という気持ちになったのです。

ところが、その動きに加わらず、座ったままみんなを見ている女性がいました。以前からひとりでいることが多く、和田さんも気になっていた84歳の女性です。

「いっしょにお願いしていいですか」

和田さんは、このときとばかりに声をかけました。その声に、女性はだまって動きはじめ、料理の輪に入っていきました。

こうして和田さんは、たくさんのお年よりから、「自分もやってみよう」という意欲をひきだしたのです。

みんながご飯をつくるようすを、和田さんは目を細めて見ていました。

「自分のことは自分でするとか、ここはたがいに助け合ってするというところだっていう風を、ふわーって吹かせているんです。みなさんが不安になってなくて、自信もって動いている。できることを自分でできたというのは、すてきだよね」

✳人として生きるために

4月下旬。事件がおきました。

朝食のあと、職員が一瞬目をはなしたすきに、84歳の女性の姿が施設から消えていたのです。以前からひとりでいることが多かった、あの女性です。

警察にも連絡し、和田さんたち職員は、周辺を探し回っていました。

「赤い手おし車をおした、白髪まじりのおばあさんを見かけませんでした？」

町の人々にも声をかけます。

認知症の人のひとり歩きは危険です。交通事故にあうかもしれないし、体調が急変するかもしれません。その日は気温が高く、脱水症状になっていないかも心配でした。

和田さんは、たとえ認知症の人でも外へでて歩き回るのには、「外の空気を吸いたい」「行きたい場所に行ってみたい」など、必ず本人の意思が関わっていると考えています。

「人間って、何がすてきかって、自分の意思を行動に移せること。人にとっていちばんすてきなところをうばったらあかん。できるだけそのことを守っていく、守り手にならないかん」

そのために、お年よりが外へでたら、職員がつきそうなどして安全対策をとっていました。けれど、女性を行方不明にしてしまったのは痛恨のミスです。

「ほんとに、反省せなあかん……」

そうつぶやきながら、和田さんは必死に女性を探し続けました。

その夜、警察から女性を保護したと連絡が入りました。和田さんたちスタッフは、すぐに警察署へむかえにいきました。

署内のいすにちょこんと座って、「ご迷惑をおかけして」と言う女性に、和田さんはかけ寄りました。

「いや～！　だいじょうぶやった？」

女性はほっとした顔で笑っていました。聞けば、神社に参拝に行こうと外にでて、迷ってしまったのだと言います。

入居者を閉じこめるという発想はない。和田さんは強く語る。

「帰ろうか。帰りましょう！」

　女性を施設の車に乗せ、自分は別の車であとを追いながら、和田さんは、長い一日をふりかえり考えていました。

　こうした事件がおきるたび、和田さんは周囲から批判を受けてきました。

「だから、鍵をかけておくべきなんだ」と。

　実は、和田さんの施設では、夜間以外は玄関に鍵をかけないのです。鍵をかければ、お年よりがでていく心配はなくなります。安全も守れるし、職員も楽になります。それでも和田さんはこう思っていました。

「彼女を行方不明にしてしまったことは、深く反省している。でもだからといって、鍵をかけて閉じこめようという発想には絶対にならない」

その信念には、ある過去のできごとが関係していました。

和田さんが介護の仕事をはじめたのは32歳。それまでは鉄道会社につとめていましたが、あるとき、障がいのある人に列車で旅をしてもらおうという取り組みに参加したことがきっかけで、介護の仕事に興味をもちました。旅のあいだ、体の不自由な人たちが生き生きとしているようすを見て、やりがいを感じたのです。

思いきって飛びこんだ新たな職場は「特別養護老人ホーム」。介護を必要とする高齢者が入所し、助けを受けながら暮らす施設でした。

1年後。別の施設に研修にでかけたとき、和田さんは大きなショックを受けました。目に飛びこんできたのは、歩き回ったり落ちたりしないように、高いさくで囲われたベッド。その中に、おばあさんがひとり、正座をしていました。

和田さんが近づこうとした瞬間、横から施設の職員がこう言ったのです。

「気をつけてください」

和田さんには、まるでおりの中の動物をあつかうような口調に思えました。施設の方の了承を得ておばあさんのベッドのわきに座り、しばらくおたがいを見つめ合ったのち、和田さんは童謡『夕焼け小焼け』を歌いました。するとそのおばあさんも、いっしょに口ずさみはじめたのです。

和田さんは思いました。

「こんなおりの中に入れられて、『気をつけてください』って言われている人が、『夕焼け小焼け』を歌うやろか？　認知症にかかっても、人はすべてを失うわけじゃない。人としてふつうに暮らすことをめざす介護はできないか」

それから12年後。和田さんは、東京ではじめての老人福祉法に基づくグループホームの施設長になりました。それまでおこなっていたことをさらに発展させて、生活のすべての場面で、本人たちができるように、おたがいに助け合えるように、社会生活を営めるように支援する〝生活支援〟に挑戦すると決めたのです。

そのようすがテレビ番組で放送されると「認知症の人に献立を決めさせて、買い物に行かせ、料理をさせ掃除までさせる。しかも玄関に鍵もかけないなんて危なすぎる。和田のやっていることは虐待だ！」と同業者から非難されました。

しかし和田さんはひるみませんでした。なぜなら、それが〝人の暮らす姿〟であり、介護保険法がめざす〝尊厳が守られて自立した日常生活を営む支援のありようだ〟と確信をもっていたからです。

それから1年がたったある日、ひとりの入居者が施設からいなくなってしまいました。真冬の寒い日、真っ暗になるまで探しても見つかりません。

入居者の娘さんに電話をしてそのことを報告すると、娘さんが言いました。

「和田さん、わたしの覚悟は決まっているから」

和田さんの中で、死という最悪の事態が頭をよぎりました。耳元で「ほら見たことか。おまえのようなやり方をやっているから、こんな結果になるんや」と非難した人たちの声が聞こえました。

（まちがっているのかな……）

弱気になりかけたそのとき、その人が無事保護されたと連絡が入りました。

和田さんは施設にもどる途中、入居者の娘さんのことばを思いだしました。

娘さんは、認知症の母親が、和田さんの施設でふつうの生活をしていたのを見て、ふつうに暮らすことが人としていかに大切なことかを実感していたのです。「何があっても母は幸せに生きた……」。娘さんのことばはそうもの語っていたのです。

「そうかあ。おれは何を弱気になってんねん。家族がこんなに理解して、信頼してくれているんや。おれがこれをやらなければ、だれがやるんや」

和田さんはそう開き直れました。施設にもどると、保護された入居者がスタッフといっしょにもどってきました。和田さんは入居者の表情を見てハッとしました。つかれている中にも、いままでにない晴れやかさが見てとれたからです。

「行方不明の2時間は、彼女にとって自由に歩き回れた2時間だったのかもしれない。安全だけを考え、入居者の行動を制限することが唯一正しいことじゃないはずだ」

もう一度自分自身に問い直しができたできごとでした。そして和田さんは決めました。

何があっても、〝人の尊厳〟は守る

「リスクがあったとしても、人として最後まで生きることをささえぬく。それがぼくの仕事だ」

和田さんは覚悟を決めました。それを決めさせてくれたのは、入居者の家族、施設の経営者、行政の人たち。そしてその下で生きる入居者の生き生きとした姿です。人がふつうに生きる姿をささえる。その信念を胸に、和田さんは今日も認知症の人たちと向き合っています。

✳25年目の葛藤

4月下旬、いつもの市場への買いだしの途中、ひとりの女性が市場からでて行ってしまいました。それに気づいた和田さんは、少しはなれてついていきます。

彼女は72歳。笑顔がすてきな女性です。

市場から外にでた女性の先回りをし、道を聞いて女性と話す和田さん。

和田さんはこの女性を気にかけていました。入居してからずっと、ほかの入居者と関わろうとせず、何十回も施設からひとりででて行きます。職員はそのたびにつきっきりの対応に追われました。

女性は市場をでると、住宅街を歩いていきました。追いかけられていると思うと、いやがって逃げてしまう場合があります。和田さんは、女性が事故にあわないようにさりげなくあとをついていきました。

そしてしばらく行くと、道を聞くふりをして、女性の足を止めました。少し会話をし、

「じゃあ、いっしょに行きましょうか」

と、手をつないで、みんなのいる市場へとも

どることができました。

女性は、施設にいるときも頻繁に外にでようとします。庭のまわりにめぐらしたさくも乗りこえます。このままだと、いつけがをするかわかりません。

夜に外へでてしまったときは、2時間も帰ろうとせず、つきそっていたスタッフが和田さんに助けを求めたこともありました。かけつけた和田さんは、偶然を装って前から歩み寄り、声をかけました。

「あら～どうしたの」

そう言って、無理にはひき止めず、手をつないで並んで歩きはじめました。

「なかなかつかないね。むかえにきてもらうようにしようか」

そうやって、無事帰りの車に乗せることができたのです。

和田さんは、女性があまりに外へでていくので、しかたなく植木で通り道をふさぐなどの対策をとりました。でも、これは本来和田さんの信念に反するものです。

和田さんは、女性への自分の対応に悩んでいました。そして、スタッフとのミーティングで、その悩みを話しました。

「おれね、だんだんいや気がさしてきて。彼女がでていけないように、どっか行っちゃわないようにって考えてしまう。鍵こそかけないけど、結局、同じことでしょ。何してんのやろ、おれ……」

数日後の朝、和田さんはあることをためしてみました。

「ねえ、ねえ、これきれいにふいておいてくれますか？」

女性に施設の中の掃除をたのんだのです。女性は、働きながらふたりの子どもを育て上げた人です。

「やることがあれば、外に行こうとする行動も自然とへっていくのではないか」

和田さんはそう考えていました。

女性はいやがりもせず、熱心に畳の部屋をふきはじめました。角もしっかり、力を入れて、ぞうきんをかけていきます。終わったら次はろうか。そしてリビング。施設中のゆかを、女性はていねいにみがいていきます。

何も知らずに見た人は、無理やりやらされているように見えるでしょう。けれど和田さんは手ごたえを感じていました。

「やられていると思ったら、あんなに一生懸命にはしない。自分がここにいる意味や目的がはっきりしているから、掃除のあいだは、どこにも行こうとされない」

ところが、掃除を終えたときでした。女性の表情が突然ふきげんになり、あちこち歩き回ると、窓に手をかけてでて行こうとしたのです。

和田さんはあわてて外へ回ると、窓からでようとしている女性に声をかけました。

「大変そうだね。おぉ、落ちるよ～」

外へでた女性の表情は、笑顔にもどっていました。

（なぜ、彼女は外にでることをやめないんだろう……）

和田さんはその日、外出から帰った女性と、部屋でいっしょにいました。

「あー、つかれた」と女性。

「うん、ちょっとつかれたんだね。ちょっと休むか？」

「うん」

女性は寝つくまで、にぎった和田さんの手をはなそうとしませんでした。和田さんはそのときのことを、スタッフに話しました。

「すっごいさびしいんだと思う。外にでる理由は、最初は、家に帰りたかったのかもしれないけど、いまはそんな感じがしない。ここがいやだからでて行くんだ。ここがいやだからでて行くということは、ぼくらの側に原因があるわけだから、何かできそうだな」

5日後。和田さんは、入居者数名と行く潮干狩りに、外にでてしまうその女性も連れて行きました。電車やバスを乗り継ぐ遠出は、事故やけがのリスクが高まるので、入居者ひとりに職員ひとりがつきます。その女性には、和田さんがつきそうことにしました。

電車に乗りこむと、和田さんは女性を、別の入居者の女性と並んで座らせました。ふだんから職員としかかかわろうとしない彼女が、ほかの人と話せるチャンスです。するとな女性は、となりに座った入居者の女性と話をはじめました。

「みんなそうやるんだわ、子どもってね」

「そうそう」

生き生きとした表情でおしゃべりをしています。

闘う介護、覚悟の現場

和田行男

「入居者とのつながりが深まれば、彼女のさびしさをうめられるかもしれない」

和田さんはそう思いながら、はなれた場所から見守っていました。

電車がおりる駅につきました。

「みなさん、おりますよ〜」

和田さんは女性といっしょにおりましたが、女性がトイレに入ったので、女性職員にまかせて、潮干狩りのようすを確認しにその場をはなれました。

その直後、

（あれ？）

女性と、その女性を託した職員の姿が見えないのです。ほかの職員に確かめると、ふたりで歩いて行ったと言います。和田さんはあわてて女性と職員を探します。職員がいっしょとはいえ、万が一女性に何かあったら大変です。

間もなく、坂をくだってくる職員と女性を見つけましたが、女性を見た和田さんは、おどろいてかけ寄りました。

「え、どうした？　え？　なになに？　そのけが、どうしたんだい」

女性は、顔や手にけがを負って出血していたのです。

「坂を歩いている途中、犬にほえられて、転んでしまったんです」

職員が説明しました。

すぐに救急車をよび、女性と和田さんは、ほかの入居者と別れて病院へ向かいました。診断の結果、女性は左手首を骨折していました。

その夜、女性の自宅へ事情を報告に行って帰ると、和田さんは頭をかかえて、こうつぶやきました。

「彼女に生まれた可能性を、閉ざしてしまったかもしれない……」

和田さんの目に涙があふれました。

「泣いている場合じゃないけど、くやしい。すごいくやしくて、くやしくて……」

介護の世界に入って25年。ときおり自分がどうしようもなく無力だと感じてしまうのです。

それから1か月。女性の手首の傷はほぼ治りましたが、心の状態はけっしてよく

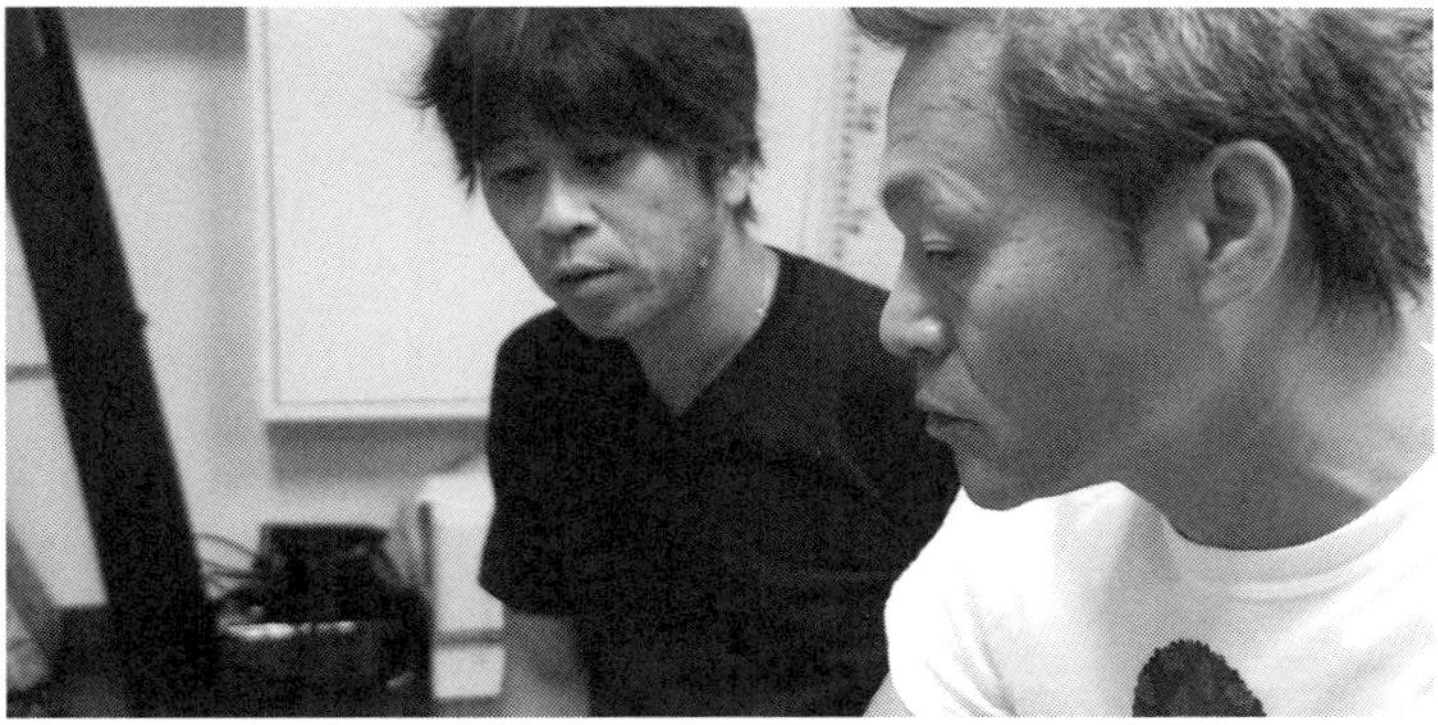

女性のために何をすればいいのか、職員と考える。

ありません。うつむいてばかりで、ケガを負う前には見られたいつもの笑顔を見せない女性に、和田さんは明るく声をかけました。

「なんか元気ないねえ。しんどいですか？」

女性はこたえず、ふさぎこむばかりです。

（最近彼女の爆発的な笑いが見えてないなぁ）

いま女性に何ができるか。和田さんは職員と話し合い、そして決めました。

「明日、彼女をもう一度海に連れて行こう！」

また、予期しないことがおきるともかぎりません。それでも和田さんは、細心の注意をはらい、海に行くと決めたのです。

翌日。海へ向かう電車の中に、女性の姿がありました。前回の旅で、打ちとけて話ができた入居者と並んで座っています。

　反対どなりには和田さん。眠ったふりをして耳だけそばだてていました。すると、ふたりのあいだでおしゃべりがもり上がっていきました。

　そのときです。和田さんの耳に、こんな声が聞こえてきました。

「ばあちゃんと、こっちゃいっしょに、じゃんけんぽんしよ。じゃんけんぽって」

　うす目をあけると、そこには小さな男の子が立っていました。そばにすわっているお母さんからはなれて、歩いてきたようです。

　女性は男の子の小さな両手をとると、そっとだき上げました。

「わ〜。重た〜い」

　声も表情も、これまでになく生き生きしています。

「かわいいかっこうしているよね。うちの子はこんなの着たことない」

　子どもをふたり育てた昔のことを、思いだしているようでした。

　やがて電車は海の駅に到着。たぬき寝入りから目覚めた和田さんは、再び女性の手をとって電車をおり、「海」と指さしました。

「ここきたことありますか?」

女性は「ない」と首をふり、その表情はみるみるくもっていきます。波打際まで来ても少しもうれしそうな顔をせず、砂をほろうとさそう和田さんからはなれて行ってしまいました。和田さんは女性の気持ちを探ろうと、いろいろと話しかけました。

そして、「ひょっとして、海こわいの?」と聞いたときです。

「うん」

女性は小声でつぶやきました。こたえは意外なものでした。

「やっぱこわいんや!」

「そうそう。あはは」

「そうか〜。そらあかんな〜。わはははは」

和田さんはほっとしていました。女性が自分の気持ちをだせたことが、とてもうれしかったのです。

それから数日間、和田さんは、四六時中施設からでて行くこの女性と向き合いました。ケガを負う前に少しずつとりもどせていた調理をするようなふつうの姿を、もう一度とりもどせないか……。そしてある朝、和田さんはそれに挑んでみました。

「おはよう〜」

和田さんがおこしに行くと、女性は布団に正座をしてむかえてくれました。和田さんも正座をし、同時にぺこりと頭を下げ、ふたりして大笑い。和田さんは着がえをすませた女性を台所にさそい、「いっしょにやろう」と、油あげを切るようたのむと、女性はニコッと笑って包丁を手にし、油あげを切りはじめたのです。

(やったあ〜)

和田さんは心の中でガッツポーズをしました。

「変わると思う。まだまだだけど、変わっていく可能性はたっぷりある。ぼくらの支援次第だ」

　ときにはうまくいかないこともある。それでも前を向いて、信じた介護でこの人たちをささえていこう。和田さんはそう誓いながら、料理をしているお年よりたちを笑顔で見つめていました。

闘う介護、覚悟の現場

和田行男

プロフェッショナルとは

「自問自答していく人。自分の言ってることやっていることに問題を感じて、正解まではいかなくても、こたえをだしていくというか、それを続けられる人がプロフェッショナルかな」

第187回2012年6月25日放送

こんなところがプロフェッショナル！

認知症介護に革命をおこした、和田行男さん。
こんなところがすごいよ。

総合介護サービスの取締役

30年前から介護の世界に飛びこんだ和田さん。1997年に東京初のグループホームを立ち上げ、その責任者となって以来、がむしゃらにつき進み、現在では23の施設をまとめる取締役をつとめています。

見えないところを見にいく

人により進み具合が異なる認知症では、ひと目見ただけではわからない部分を知っておくことが大切です。和田さんは五感を総動員させ、一人ひとりの状態を読みとります。記憶力や身体能力など、その項目は150にもおよびます。

全国から注目が集まる

ふつうに暮らすことをめざす介護をはじめたときは、「異端児」とよばれることもあった和田さん。現在では、各地での講演活動にもよばれるほど。その考えは、現場に浸透しつつあります。

自問自答を続ける

行動を制限するようなこれまでの介護現場が正しいとはいえない。それでも、ときおり自分の信念に反してしまうこともあるという和田さん。つねに自分に何ができるかを問いかけ続けています。

プロフェッショナルの格言

認知症介護のエキスパート、和田行男さんのことばを心にきざもう。

できることを自分でできたというのは、すてきだよね

和田さんの施設では、お年よりたちに、料理や洗濯などをできるかぎり自分たちでやってもらいます。認知症であっても自分でできることを自分ですることで、生き生きとしてくるのだと言います。

もっている力をひきだしていく

和田さんは、入居者に「自分もやってみよう」という意識をひきだせるよう積極的に声をかけていきます。ほかにも、認知症の進行を遅らせるのに役立つくふうが、施設にたくさんほどこされています。

何があっても人の尊厳は守る

ふつうの暮らしとかけはなれた状態の認知症の介護現場から、新たな介護のしかたを生みだした和田さん。どんなリスクがあっても、認知症の人が人として生きる姿をささえぬきたい、という信念をつらぬきます。

小さき命に、無限大の力を注ぐ

獣医師

蓮岡元一

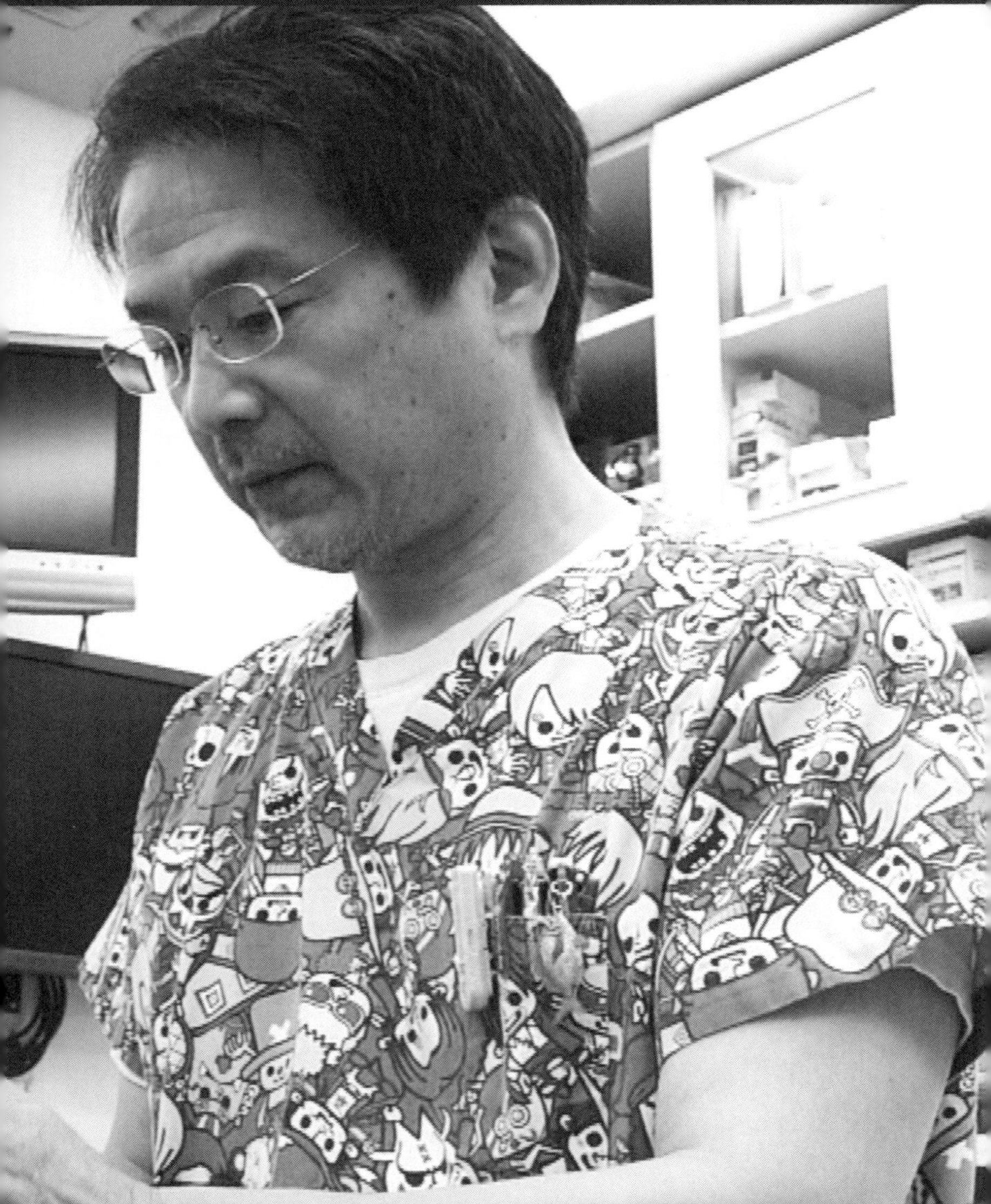

大阪の下町に、すご腕の獣医師がいる。
手遅れと見はなされた動物も、けっして見捨てず、
どの命にも、全身全霊で力をつくす。
「あきらめたらあかんねん。信じるねん、助かるって」
飼い主の不安に寄りそい、もの言わぬ動物の声を察する。
でもかつて、男の仕事ぶりは、ただ治療をこなすだけのものだった。
そんな自分にいや気がさし、明日が来なければと願ったこともある。
そのとき目にした、１歳の息子のふとした姿。
わき上がる感情に、男は、獣医としてあるべき姿を思いだしたのだ。
今日もまた、ある飼い主が助けを求めてやってきた。
おだやかだった愛犬が突然凶暴化し、途方にくれる夫婦。
謎の病に、男はどう立ち向かうのか。

✳もの言わぬ動物から気持ちを察する

町工場が立ち並ぶ大阪府東大阪市。そこに、小さな動物病院があります。診察開始の30分前だというのに、獣医師の蓮岡元一さんは、すでに大型犬の治療に当たっていました。なぜかTシャツは後ろ前で、おまけに下着のパンツ姿。

「患者さんはぼくのパンツ姿を見なれてるからだれもびっくりせえへん」

2階の自宅でお風呂に入っていたら、「急患です」とよびだされ、飛びだしてきたのです。

無事に治療を終えると、蓮岡さんはやっと診察着に着がえました。診察着は決まってカラフルなプリント柄。

「根が暗いから、着るもんは明るいほうがいいかなあ～って」

と、笑いながら話す蓮岡さん。かしこまった雰囲気は苦手です。

9時半。病院が開くと同時に、たくさんの患者さんがやってきました。地元の人だけではありません。関西全域や、遠く首都圏から新幹線で動物を連れてくる人も

たくさんのペットと飼い主でいっぱいの病院の待合室。

いて、診察まで3時間まちの行列になることもあります。

診療する動物は、犬や猫、小動物や鳥など。内科、外科、さらには歯科までこなします。

その日の最初の患者は、おなかのはれ上がった小型犬でした。

「なにこれ？　おしっこでてないの？」

体をじっくり調べると重症とわかり、すぐに治療にかかりました。

それが終われば、次は猫の抜歯。悪くなった歯を治療具でぬきました。

その次によばれたのは、4歳の真っ白な猫。飼い主さんは、市販のノミとり剤を手にしていました。

「これをつかったんです。そしたら調子、おかしなってきたんです」

その薬をつかってから、猫に食欲がなくなったとうったえました。

蓮岡さんは、猫の体にていねいにふれていきます。目、耳の中、毛や皮膚のようす、内臓のはれまでじっくり感じとり、聴診器を当てて心臓や呼吸の音も確かめます。蓮岡さんには、もの言わぬ動物に向き合うとき、大切にしていることがあります。

くまなく見て、じっくりさわり、するどく察する

蓮岡さんの診察は1時間を超えることもめずらしくありません。呼吸のしかたや歩き方などを観察し、体中にふれ、「どうなんや？　どうなんや？」と考えていると、「わたしは、ぼくは、ここが具合悪いねん」と動物が言っているように感じるのです。

「動物の気持ちを察してあげたい。治療を優先した診察じゃなくて、まず動物を見て、そこから診断を組み立てていくほうが、時間かかっても自分には合っている」

蓮岡さんはそう思っていました。

この日も、猫をじっくり診た蓮岡さんは、飼い主さんに聞きました。

小さき命に、無限大の力を注ぐ

蓮岡元一

時間をかけて体中をじっくりさわり、体調不良の原因を探る蓮岡さん。

「この子ね、男の子やけど、意外とグルーミング、体なめたりしません？」

メスの猫は、オスにくらべて自分の毛づくろいをするのが好きです。けれど体を診てあるサインを見つけた蓮岡さんは、このオスもグルーミングが好きなのではないかと思ったのです。

「ええ、なめてます！」

飼い主さんはおどろいてこたえました。

「毛玉が胃腸に入ってるんですよ」

決め手は、毛並みの感触からわずかにはげている箇所や、なめたあとを見つけたことでした。

「あのノミとり剤は無罪放免。まったく関係ないです」

さっそく治療にかかります。

蓮岡さんが用意したのは、薬ではなく市販のサラダ油でした。

「これで毛玉をだす」

と言うなり、猫の口に、油を少しずつ注いでいきました。猫は、それをなめて飲んでいきます。こうしておけば、そのうち毛玉をはきだすのだそうです
「治療のやりすぎは、動物にもつらいし、飼い主には治療費の負担になる」

蓮岡さんは、動物だけでなく、飼い主の負担も考えていました。

いま、日本では全世帯の3割がペットを飼っているといわれています。しかも、その人たちの中には、動物を家族の一員として大切にする人が数多くいます。動物の病気を治療する技術は進歩し、おかげで動物たちは長生きになりました。たとえば犬の寿命は、30年前の2倍にのびています。

ただ、年をとるとどうしても病気になりがちです。動物には公的な医療保険がないため、飼い主には高い医療費が悩みになります。家族にできるだけの治療を受け

させたい。けれどお金がかかる。そんな飼い主の負担を、蓮岡さんは少しでもへらしたいと思っているのです。

「診断には時間をかけ、症状を見きわめたら治療は最小限にとどめるのが、獣医師の責任だ」

日頃からそう言っている蓮岡さんは、むだな薬をたくさんだして、治療代を増やすことはけっしてありません。それどころか、手術をした動物のために、傷をカバーする服を自らタオルを材料にしてつくるほどです。

手間がかかってお金にはならないのに、蓮岡さんは黄色いタオルの服を着た犬を見て大満足。

「ＯＫ！　どうですか？」

そんな心配りを、飼い主たちはみなありがたいと思っていました。

蓮岡さんは、ペットではない動物も分けへだてなく治療します。

ある日運びこまれたのは、飼い主のいない地域猫。工事現場につとめる女性が、生後間もない子猫を服にくるんでかけこんできました。

見ると右前あしに大けがをして、肉までのぞいています。子猫はぐったりとして、かぼそい鳴き声を上げるばかり。

「準備して。すぐにこの子手術するわ」

蓮岡さんは即決しました。

「手術せんかったら、どんどん化膿してくんで。現場帰りいな。やっとくわ」

女性を工事現場へ帰すと、蓮岡さんはすぐに手術の準備をはじめました。

「まだ麻酔かけたらあかんで。けっこう脈が弱ってきてるわ」

看護師に指示します。

麻酔の量やタイミングをまちがえれば、命が危なくなります。蓮岡さんは準備がととのうと、猫に麻酔の薬を吸わせはじめました。

どこで薬をストップするか、蓮岡さんはじっと子猫を見つめ、ぎりぎりの線を見きわめます。

「よし、外して」

子猫が意識を失う寸前で麻酔を止めました。布をかぶせて小さなあしだけをだすと、大きく開いた傷口をぬいはじめます。

麻酔が効く時間は約5分。蓮岡さんは、すばやく、けれどていねいに猫の傷をぬっていきます。

「顔、動きました」

看護師が知らせます。麻酔が浅くなってきたようです。

――パチン！

ぬい終えた糸を切った瞬間、子猫はのびをするように目を覚ましました。

手術は無事終了。蓮岡さんの顔に、ぱっと笑みが浮かびました。

1週間後、子猫は傷口も治り、すっかり元気になりました。蓮岡さんはご飯を食べさせながら、「おなかいっぱいになったなあ」と目を細めています。

幸い子猫は、病院に連れてきた女性がひきとることになりました。むかえにきた女性は、かばんの中から箱をとりだして蓮岡さんに見せました。

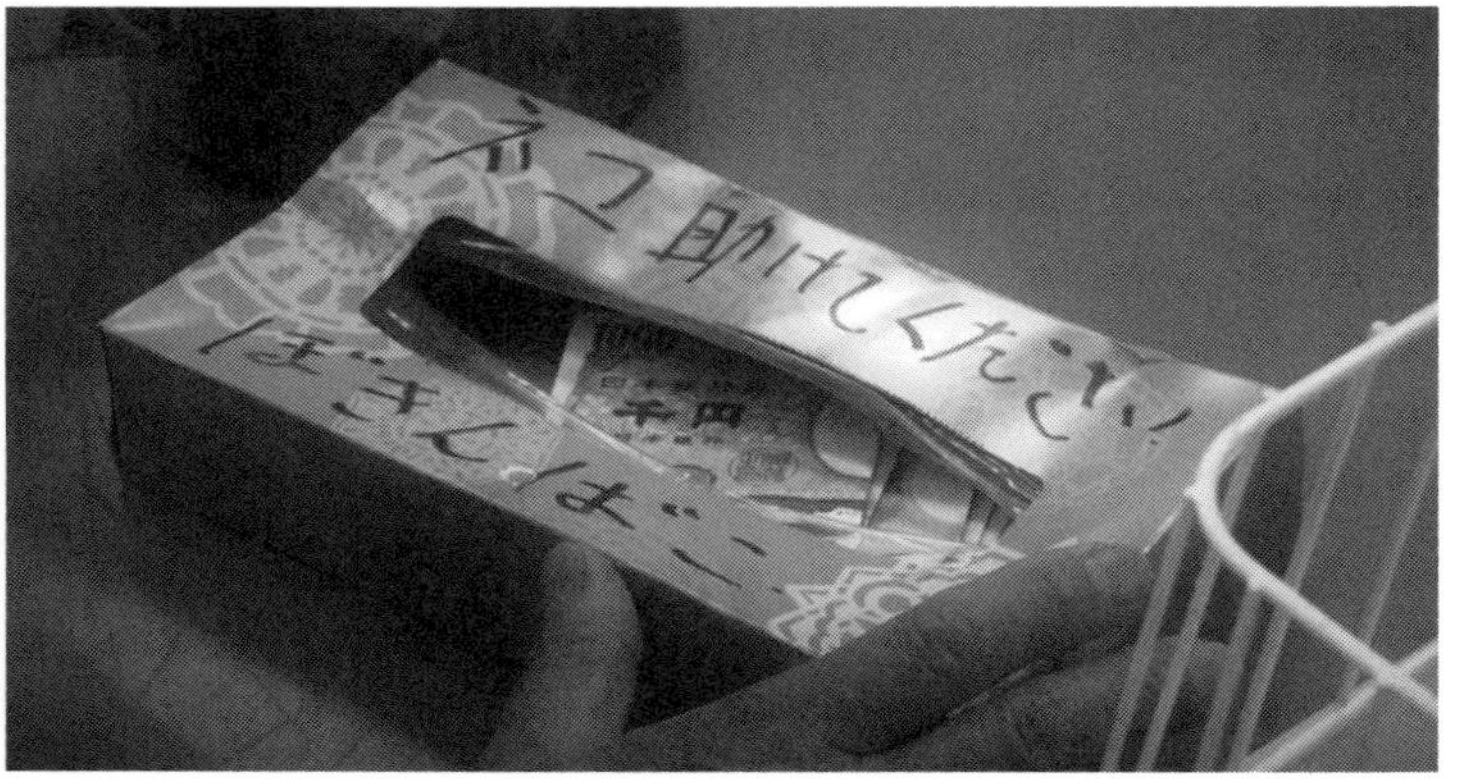

ティッシュの空き箱でつくった募金箱を受けとる蓮岡さん。

箱には、「ネコ助けてください。ぼきんばこ」と書かれていました。女性が職場において、治療費をつのったのです。

集まった1万7000円は、治療費としては足りません。それでも蓮岡さんは、

「うれしいじゃない。ありがとうございます！」

箱につまった、地域の人たちの思いやりにそっと手をあわせました。

✳動物と飼い主の人生を診る

「急にたおれて、失神するような感じで」

その日、蓮岡さんの病院へ老犬を連れた夫

婦がかけこんできました。犬の名はチャッピー。

「昨日からなんどもひきつけをおこしているんです」

蓮岡さんが聴診器を耳に診察をはじめると、夫婦は心配そうにチャッピーを見つめています。蓮岡さんは、チャッピーの足から血をぬき、血液検査で原因を探ることにしました。

その結果を過去のカルテと見くらべて、蓮岡さんはこう言いました。

「どんどん腎臓が悪くなってきたんです」

「それは……」

とだんなさんが言いかけると、奥さんがその先を続けました。

「……年で、ですか?」

「はい、年で」

夫婦がチャッピーを飼いはじめたのは16年前。チャッピーは、年をとって腎臓の働きが悪くなり、ふつうならおしっこで外にだされる老廃物が体をめぐって、体調不良をおこしていたのです。

原因が年齢のため、治療はむずかしい状態です。チャッピーには寿命が近づいていました。

蓮岡さんは、点滴の方法を夫婦に教えました。チャッピーはこれから、自宅での点滴と通院をしながら、すごすことになったのです。

「薬の落ちるスピードは、5秒に1滴ぐらい」

ふたりはだまってうなずき、治療のお礼を言って、愛おしそうにチャッピーをだいて帰っていきました。

子どもがいないふたりにとって、チャッピーは家族同然の存在です。その家族を失おうとしているのです。

蓮岡さんはその日から、チャッピーと夫婦ふたりの最後の日々を、どうささえていこうかを考えるようになりました。ペットとのきずなが深ければ深いほど、悩みも深くなる飼い主。蓮岡さんは、その気持ちや状況にも寄りそいながら、治療をおこなっているのです。

4日後、チャッピーの飼い主が、今日の来院の予約をキャンセルし、家でチャッピーを見守りたいと電話をしてきました。話を聞いた蓮岡さんはすぐにこう提案しました。

「そしたら、うち暇ですので、道のわかる子をむかえに行かせますわ」

チャッピーの寿命を知ったふたりが望みを失って悲しんでいないか、蓮岡さんは気がかりで、ほうっておけなかったのです。

しばらくすると、むかえに行った看護師に連れられ、チャッピーと夫婦が病院にやってきました。箱の中に寝かされたチャッピーは、目はあいていましたが、ぐったりとして動きません。

「すみません、先生。点滴しなかったんです。なんかしんどそうやったんで……」

奥さんはそう言いました。

ふたりは、「もう寿命が近いなら」と点滴をやめていたのです。蓮岡さんは、飼い主のその気持ちもわかりました。けれど、こう言いました。

「点滴は絶対したほうがいいですよ。というのは、点滴して『楽やな〜』と思って死んだほうが、絶対楽やもん。人間もそやから」

そして、ふたりを真っすぐ見つめると、応援するように言いました。

「せっかくここまでいっしょに長生きしてきたんやから。多少元気になって、またおいしいもん食べれるかもわからんから。あきらめたらあかんね」

点滴をせずチャッピーが苦しめば、それを見るふたりにもつらい最期になってしまいます。そんな別れにならないように、蓮岡さんには、強く信じていることがありました。

精いっぱいやったという思いがささえになる

「動物に十分すべてだしつくす。動物もそれにこたえる。われわれも当然こたえて、そうやって亡くなるのが理想なんです。そうすると、ちがう心がでてくるから。あきらめないで」

蓮岡さんは、動物とのそんな向き合い方を、飼い主にもすすめてきました。ともに暮らしたペットが死んでしまうと、家族を失った悲しみで、心にぽっかり穴があいてしまったようになる人がいます。そんな「ペットロス症候群」にならないため

小さき命に、無限大の力を注ぐ

蓮岡元一

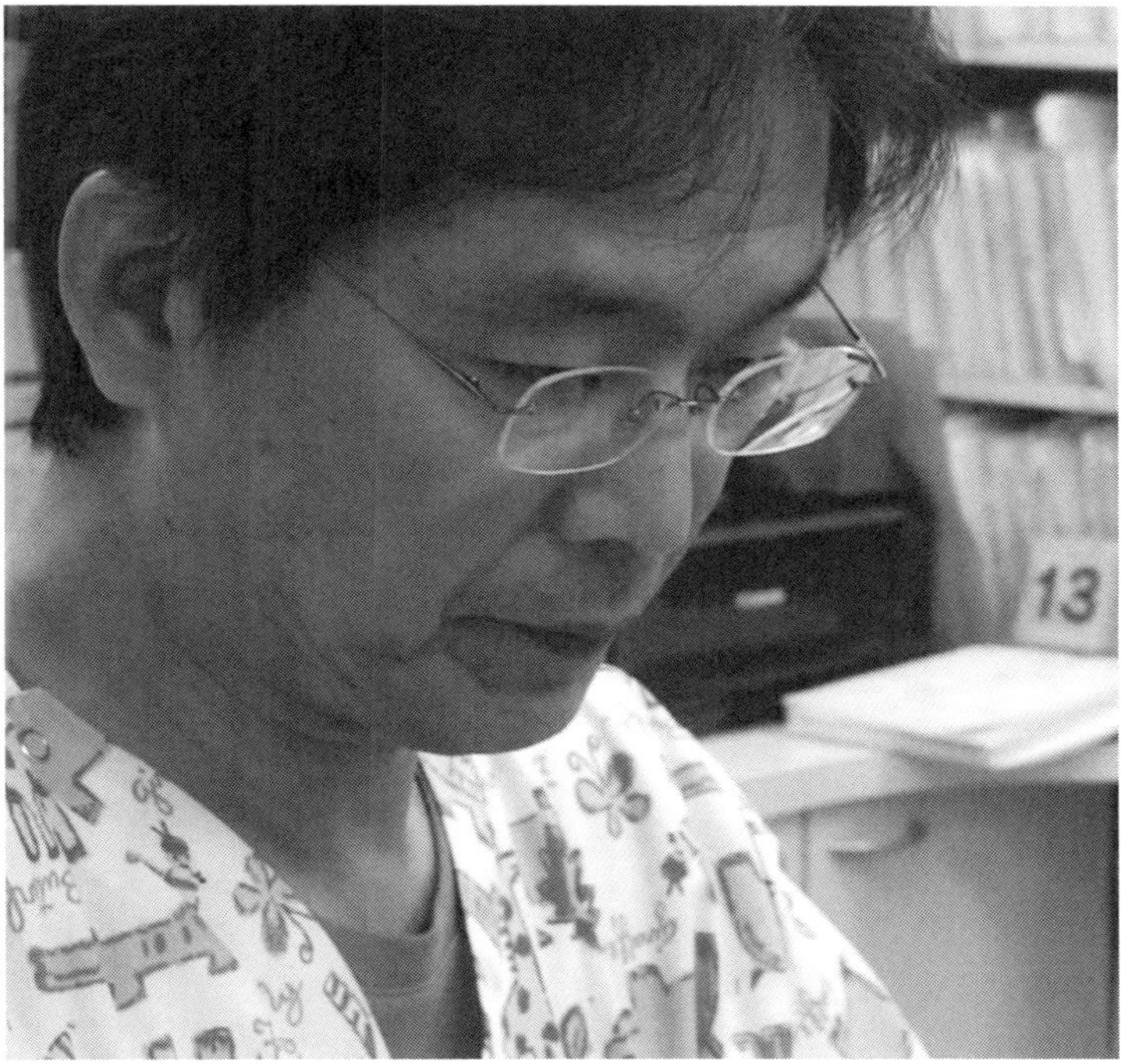

「あきらめたらあかんねん。まだまだ生きる」

には、精いっぱいやったと自分をみとめることが、死を受け入れて吹っきれるささえとなるのです。

「チャッピーは、まだまだ生きるから」

蓮岡さんは力強くそう言って笑顔を見せると、ふたりはつられるように声を上げて笑い、小さな声でしたがこうこたえました。

「はい、がんばります」

2日後。チャッピーが通院してきました。

「よしよし、よしよし」

蓮岡さんはやさしく声をかけ、チャッピーをなでます。チャッピーはほとんど寝たきりですが、けいれんはおさまっていました。注射器で食べ物を口に入れてやると、ペロペロと舌を動かします。

「あっ、おいしい、おいしい。すごい、すごい！」

奥さんが声を上げ、笑顔でチャッピーを見つめます。

「こんなん食べたんはじめてや」

だんなさんもうれしそうに言いました。

蓮岡さんは、袋に水を入れ、それを箱の中にいくつもしきつめ、その上に布団をしきました。特製のウォーターベッドのでき上がりです。寝たきりだと血の流れが悪くなり皮膚が炎症をおこしますが、これでその炎症を防ぐことができます。医療的には手をつくしましたが、蓮岡さんはできることを考え続けているのです。

「気持ちよさそう」

ふたりは、眠るチャッピーを見つめていました。

翌日。チャッピーは息をひきとりました。

冷たくなった家族をだき、蓮岡さんのもとへやってきたふたりは、晴れ晴れとした表情に見えました。

「先生にはいろいろつくしていただいて、本当によかったです」

ふたりは最期まで点滴を続け、チャッピーは安らかにいったと報告しました。

蓮岡さんや看護師たちは、みんなでチャッピーを箱におさめ、花でいっぱいに飾りました。

これからふたりには、チャッピーのいない暮らしがはじまります。それでも、

「チャッピーのために精いっぱいやったという思いは、きっとささえになるはずだ」

蓮岡さんはそう信じていました。

✴ひとりよがりだった獣医師

その日、めずらしく近所からもちこまれたのは、鳥のひなです。巣から落ちてしまったのでしょう。蓮岡さんは、こんなときのために野鳥のえさになる虫を院内で育てていました。

「獣医さんになって、これが幸せなんですよ～」

ピヨピヨとえさをねだるひなの口に、蓮岡さんはくしゃくしゃの笑顔で、ピンセットでつまんだ虫をせっせと運びます。

ペットでも、地域の猫でも野鳥でも、できるかぎりのサポートを続ける蓮岡さん。

でも、若き日になろうとしていたのは、いまとはまったくちがう獣医師でした。

小さき命に、無限大の力を注ぐ

蓮岡元一

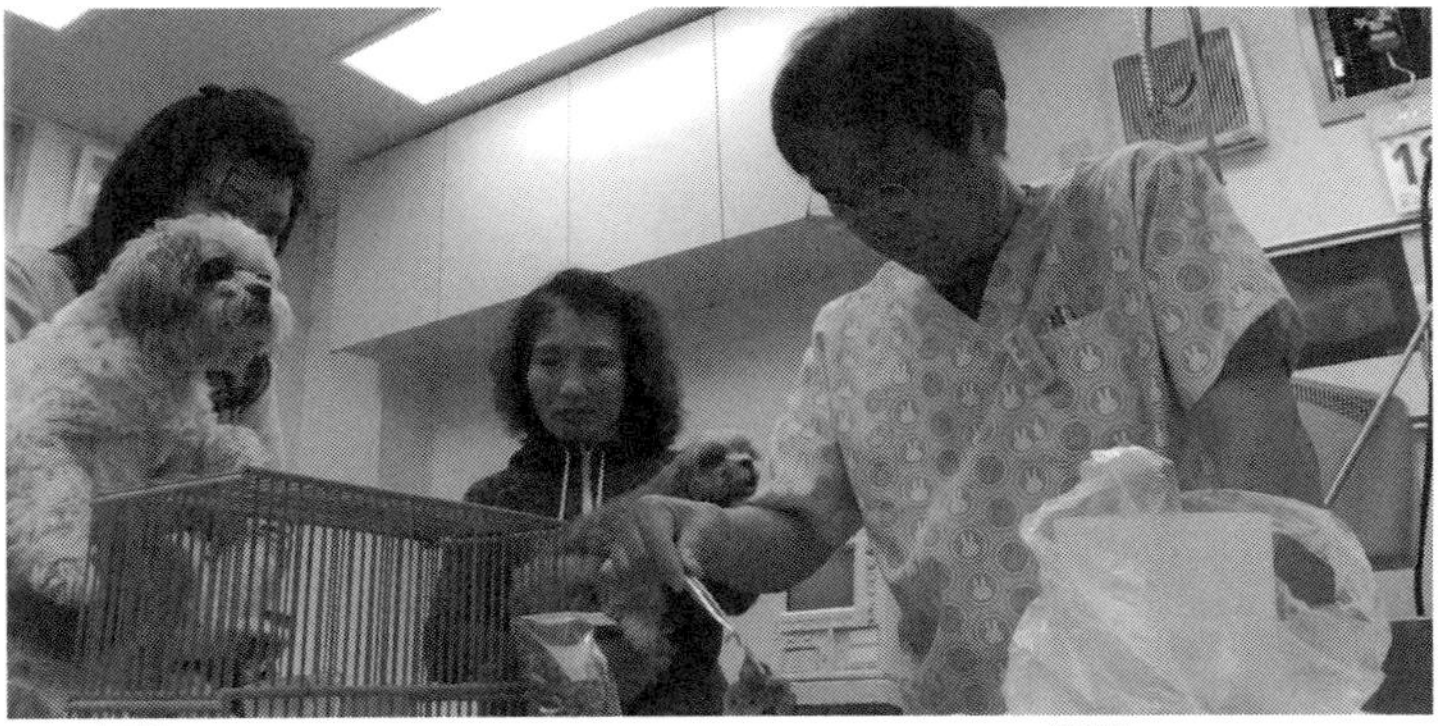

この瞬間が幸せと言いながら、野鳥のひなにえさをやる蓮岡さん。

蓮岡さんは幼い頃、両親の仕事がいそがしくかまってもらえないさびしさを、犬や猫と遊んでまぎらわせる少年でした。

大阪の清風高校を卒業後、「動物に関わる仕事がしたい」と日本獣医畜産大学（現、日本獣医生命科学大学）へ進みます。獣医師になり最新の医療技術を学びたくて、東京の下町にある宮田動物病院で働きはじめました。

1年がたったある日、病院の留守をまかされていた蓮岡さんのもとに、少女がやってきました。腕には、すでに息絶えた1匹の子猫がだかれていました。

泣いて悲しむ少女に胸をつかれ、蓮岡さんは、いっしょに猫をうめにでかけました。そして病院にもどると、こっぴどくしかられたのです。

「なんてやつや。職場放棄してでて行って。飼い主につき合う前に、動物を治す力を身につけろ！」

少女とともに、猫を埋葬したいと思ったことはまちがいだったのか。獣医はそういうことを思ってはいけないんだ……。蓮岡さんは反省し、朝から晩まで先輩について回って、必死で治療の勉強をしました。寝る間もおしみ、ときには食事もわすれて、すべての時間を治療にささげたのです。

そして3年後。

治療に自信をつけた蓮岡さんは、大阪で動物病院をオープンしました。その評判はすぐに広まり、毎日何十組もの患者が訪れるようになりました。

蓮岡さんは、治療する動物の数をこなすため、すばやく診断することばかりにつとめていました。飼い主との会話は、時間がもったいないのでしません。助からない動物がくると、自分にこう言い聞かせました。

「ぼくの腕はまちがいないし、処置はまちがいないんだ。この子が治らへんかった

飼い主とはあまり話さず、診察の数をこなしていた頃の蓮岡さん。

だけや。運がなかっただけや」

そうやって、本当の自分にうそをつくうちに、蓮岡さんは次第に仕事がつらくなっていったのです。

家でご飯を食べていても、子どもといっしょにいても、どこかぴりぴりしています。気持ちがしんどくて、

「明日になるの、いややなあ。このまま世の中が終わればいいのに……」

そこまで思いつめていたのです。

そんな頃、ふと目にした長男の姿に、蓮岡さんは胸を打たれます。1歳だった長男がトイレに座っている。ただそれだけの光景に、涙が止まらなくなったのです。

「なんてかわいいんだろう……！」

かわいくてかわいくて、涙があふれて止まらないほどかわいいと感じた蓮岡さんは、ハッと思い知りました。

「飼い主さんも動物をこんなかわいがってんねんな。ぼくは、なんて心得ちがいしてたんやろ……！」

飼い主にとって、ペットは自分の子どもと同じ大切な存在です。

「獣医師には、その思いを受け止める責任があるんじゃないか」

そう気づいた蓮岡さんは、診察への向き合い方を一から見直しました。飼い主の顔も見ず、数だけをこなすような診察はやめ、1匹1匹じっくりと診察しました。そのために仕事が遅くまでかかってもかまいません。そして飼い主と会話をし、その不安や悲しみにとことん寄りそうことにしたのです。

蓮岡さんは、ついに自らの進むべき獣医師としての姿を見つけだしました。

動物と飼い主の人生に全身全霊で向き合う

それからおよそ30年。今日も深夜まで、蓮岡さんの病院の明かりは消えません。どうやってもご飯を食べないと連れてこられた犬が、蓮岡さんの手からおいしそうにご飯を食べるので、大笑いです。

「食べるやないか。ふふふ」

よびだされてもどってきた飼い主が、愛犬のそのようすを見てびっくり。愛犬に向かって、

「あんたそれ食べるの？　あんた、ええかげんにせんとおこるで」

「それはこっちの言うことばや」

深夜の治療室で、蓮岡さんと飼い主の笑い声がひびいていました。

✴ありがとう、さよなら

蓮岡さんのもとに1匹の犬がかよっていました。おだやかだったのに、とつぜん凶暴になってしまったトイプードルのけんた。11歳です。

「ウーッワンワン！　ワンワン！」

ケージからだされたとたんきばをむいてほえ続けます。あまりの凶暴さに、ほかの病院からは診察を断られ、最後のたのみで蓮岡さんのもとに連れてきたのです。

かつてのけんたは、とても人なつこい性格でした。突然変わってしまった大切な家族に、飼い主の夫婦はどうしていいかわかりません。

「前の病院の診察ではがいじめにされて、よっぽどこわかったのかな……」

奥さんは、別の病院で乱暴に診察されたことが原因ではないかと考えていましたが、蓮岡さんの見立てはちがいました。脳腫瘍のせいではないかと考えていたのです。頭の中にできた腫瘍が、脳の働きをじゃましてしまう病気です。

蓮岡さんは、専門病院で脳の撮影をし、それを確かめることをすすめました。でも飼い主は迷っています。大がかりな検査が、さらにけんたのストレスになると心配していたからです。その気持ちを考えると、蓮岡さんはそれ以上強くは言えませんでした。

6日後。事態は急変しました。

何時間も回り続け、つかれて横になったけんたにやさしくふれる蓮岡さん。

奥さんから、けんたがぐるぐる回り続けているると電話が入ったのです。

奥さんは、かけつけた蓮岡さんに、先ほどまでのけんたのようすをおさめた動画を見せました。そこには、自分のしっぽを追うように、ぐるぐると回り続けるけんたが映っていたのです。

「これを6時半から8時半までずっとして、1時間寝て、おき上がったなと思ったらまた。止まらず何時間も回り続けたんです」

やはり脳腫瘍の可能性が高いと、蓮岡さんは思いました。

けんたを心配して、検査にふみきれない気持ちはよくわかります。飼い主の思いを大切にしたいけれど、原因を確定しなければ、最適な治療が選べず、けんたはさらに苦しんでしまいます。

その晩、自宅に帰ってからも、蓮岡さんは考え続けていました。

「初診のときに、もっと強く、しつこいくらい強く、『ＭＲＩ撮らなかったら診察できない』って言ったほうがよかったんかな……」

翌日、蓮岡さんは意を決し、再び夫婦の家を訪れてもう一度検査をすすめました。

「このままだと薬漬けになっていくからね。ああでもない、こうでもないって。そっちのほうがかわいそうな気がする」

蓮岡さんはそう言うと、専門病院での検査には自分も立ち会うと伝えました。

「確定診断ができれば、薬の内容がしぼれるっていうことですか？」

奥さんがたずねました。

「しぼれるし、心が落ち着きます。病気がここまでできてるとわかるから」

それからしばらくして、夫婦は、検査を受けると決めたのです。

検査の日がやってきました。

「ありますね」

蓮岡さんがそう言うと、「脳腫瘍があります」と、脳神経科の獣医師もうなずきます。モニターに映ったけんたの脳の画像に、大きな腫瘍が見つかったのです。

脳神経科の獣医師は、飼い主の夫婦に検査結果を見せながら説明しました。

「白い影が脳の中を占拠するような形で大きくなっています。いまの状況は、脳の中におそらく腫瘍と思われるものができていて、それが脳を圧迫しているというような状況です」

腫瘍によって脳がつぶされ、けんたに痛みがでていることもわかりました。

奥さんは、涙をハンカチでぬぐいながら、やっとこう言いました。

「予後って……」

治るかどうか、見通しを聞いたのです。

「あのー……うん」

獣医師はことばにつまり、やがてゆっくりと告げました。

「少なくとも、1か月はもたないと思う」

奥さんはこらえきれず、声を上げて泣きだしました。

「おそらく何週間ていう単位じゃないかと予測してます」

だんなさんは、けんたをやさしくなでると、悲しそうに言いました。

「はよ家帰ろう、おうち帰ろう」

蓮岡さんは、専門医の診断を受け止めながら、飼い主の夫婦を見つめていました。

3日後。けんたの家に、楽しそうな子どもたちの声がひびいていました。夫婦が、けんたがなついていたいっ子たちを、家に招いたのです。

けんたは、以前のようにおだやかになっていました。蓮岡さんが、薬をだして症状を緩和していたからです。のこされた時間は長くありません。それでも夫婦は、けんたの最後の日々に、精いっぱい向き合おうとしていました。

「いままでずっと、ぼくら夫婦に、たくさんの笑顔を運んできてくれた」

「最期はふたりで、みとりたいな。いつもどおりの生活をして、自然にいけたらいいな」

それから半月後。

けんたは病状が悪化し、ひとみの反応もかなりにぶくなっていました。できることは、点滴で脱水症状と痛みをやわらげることだけ。翌朝になると、心音も呼吸も弱く、目も閉じたままになってしまいました。

やがてけんたは、自力では息をすることもできなくなりました。

「ご主人、何時頃帰ってくるの」

「1時なんですけど……。1時前後に帰ってくるんですけど」

朝から仕事にでているだんなさんを、最期の瞬間に立ち会わせてあげたい。蓮岡さんは、けんたの呼吸を機械で助け、消えそ

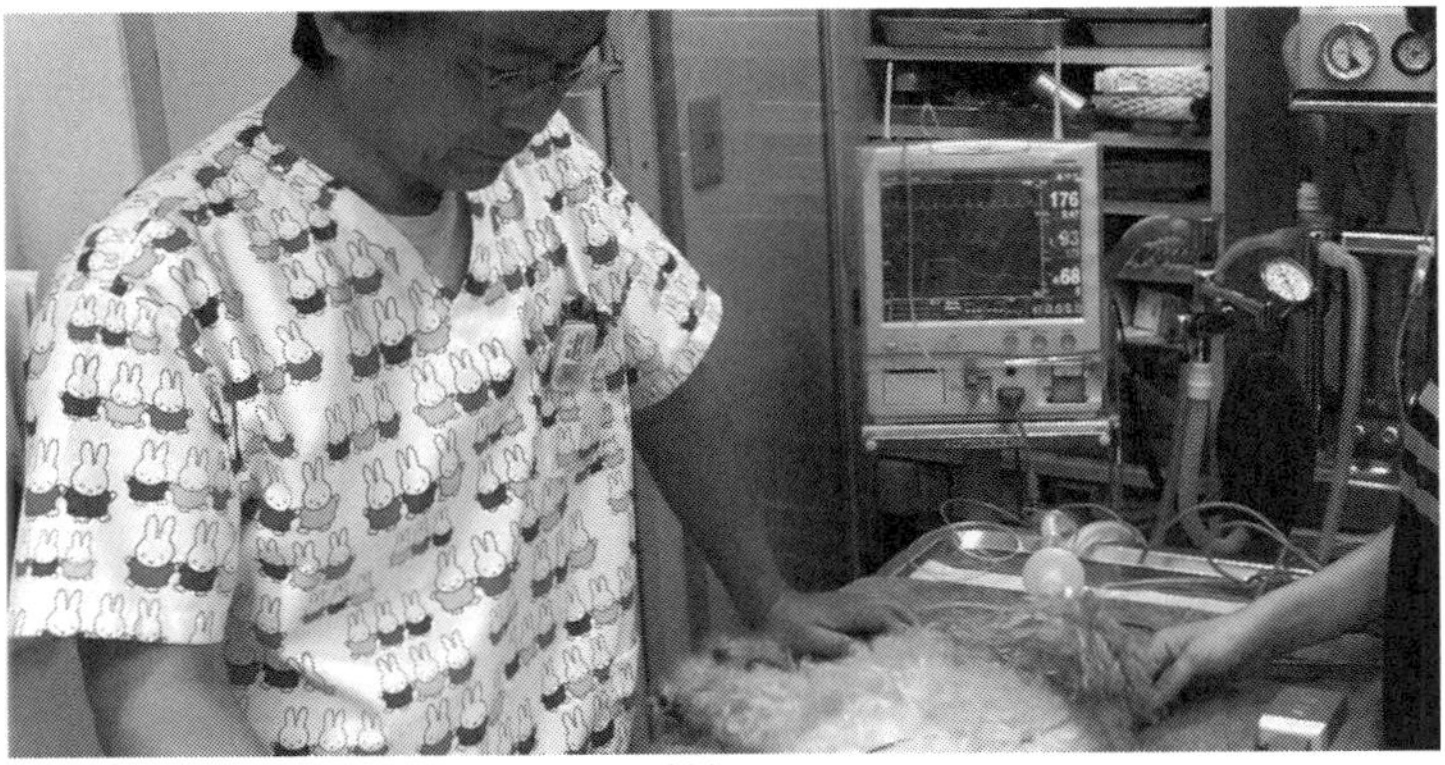

夫婦でお別れをさせてあげたい。蓮岡さんは、だんなさんが仕事からもどるまで機械で酸素を送る処置をした。

うな命を必死につなぎ止めました。

「動物も人間も、やっぱりおたがい感謝し合うでしょ。ありがとうって」

それまでがんばれとはげますように、蓮岡さんはけんたをそっとなでて声をかけました。

「いい子や、かしこい子や」

午後2時前。仕事を終えただんなさんがかけつけました。

「けん！」

そう声をかけると、やさしく体をなでて言いました。

「もうええで、おまえ。もうしんどいな」

奥さんはけんたの毛を、やさしくくしでととのえ続けていましたが、そのことばを聞いて決心したように、蓮岡さんにこう言いました。

「先生、ありがとうございます」

それは、けんたを天国へ行かせてやりたいというお願いでした。

蓮岡さんは、けんたの肺に酸素を送っていたチューブを外しました。

モニターに映しだされる呼吸と心音の数値が、じょじょに下がっていきます。

そして、

「2時6分ですね」

けんたは、家族に見守られて旅立ったのです。

「きれいかったですね、この子。ありがとうございました」

そう言うと、蓮岡さんは夫婦に頭を下げました。

ふたりは、けんたをだきしめて病院の外へでると、

「終わった……」

そう言うなり、けんたの体に顔をうずめ、声を上げて泣きました。

翌日。夫婦は、蓮岡さんのもとへけんたを連れてやってきました。

箱の中で眠るけんたに、病院のみんなが花をたむけます。

けんたを失ったふたりの悲しみは、はかり知れません。それでも、最期に感謝の別れを告げることはできました。

「けん、よかったなあ。蓮岡先生にはよくしていただいて、最後もお花いっぱいにしてもうて」

「もう本当にようがんばったかなと思って。もうおつかれさまって。ありがとうって……」

蓮岡さんは、みんながけんたを花でかざるようすを、少しはなれて見ていました。その表情には、獣医師としてのくやしさもにじんでいるようでした。

どれだけ力をつくしても、悲しい別れからはのがれられません。それでも、その悲しみをできるだけ先へ、動物と飼い主が一日でも長くいっしょにいられるように、蓮岡さんはこれからも、全身全霊で力をだしつくすのです。

小さき命に、無限大の力を注ぐ

蓮岡元一

プロフェッショナルとは

日々新たに、朝おきて、
マキシマムに働いて夜寝る、
また朝おきてマキシマムに働いて夜寝る。
その積み重ねがプロフェッショナルの
道だと思います。

第272回2017年7月27日放送

こんなところがプロフェッショナル！

動物の命に全力で向き合う、蓮岡元一さん。
こんなところがすごいよ。

毎日行列ができるほどの評判

診察まで3時間以上まつこともあるという蓮岡さんの診療所。それでも毎日何十組もの飼い主とペットが訪れるのは、手をぬかず1匹1匹をじっくりと診察してもらえることを知っているからです。

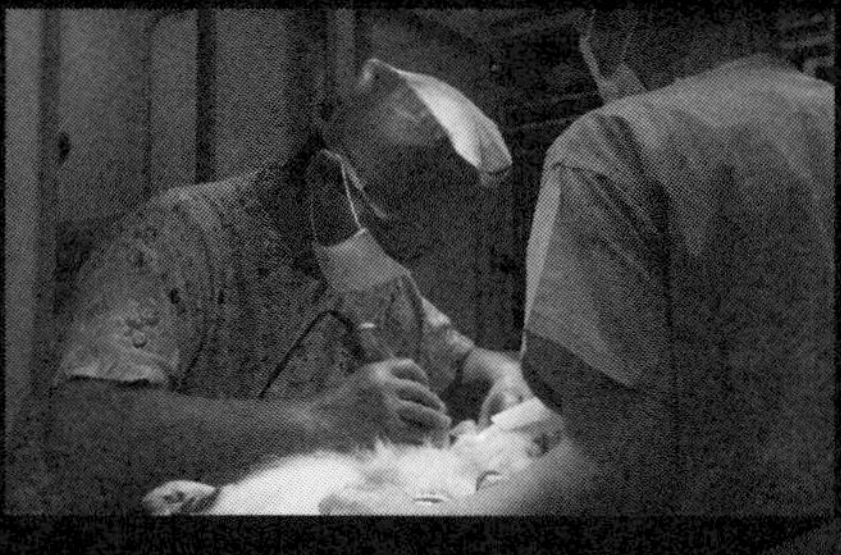

腰をすえて、ねちっこく

ほかの病院で治療がむずかしいと診察を断られ、手遅れとまで言われた動物にも、もてる力のすべてをだしつくす蓮岡さん。飼い主が1日でも長くいっしょに生活できるよう、けっしてあきらめることはありません。

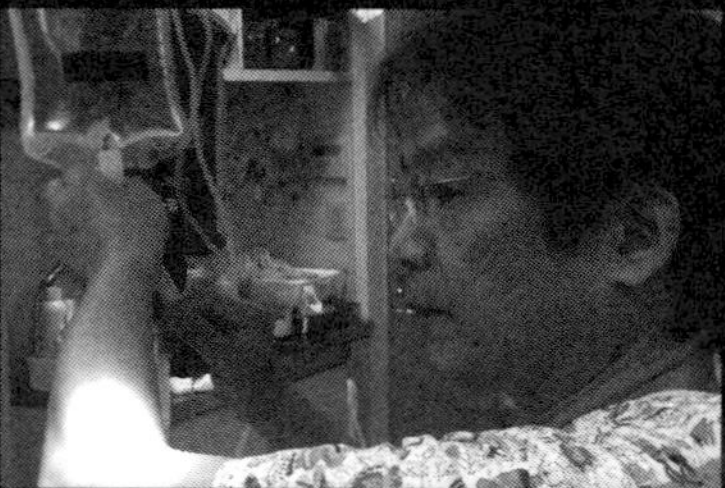

終わりなく戦い続ける

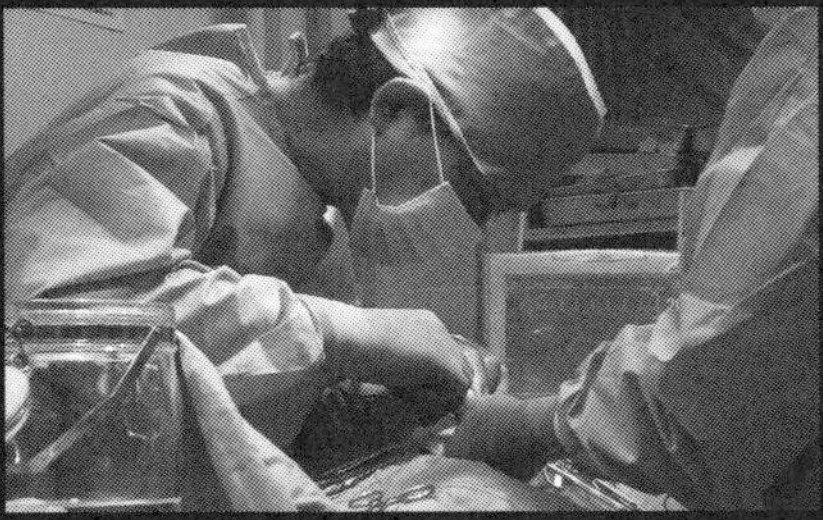

早朝や深夜であっても、急患と聞けば、何よりも優先して診療をおこなう蓮岡さん。診療を終えるのが、深夜をすぎてしまう日も少なくないそうです。

動物と飼い主の別れをささえる

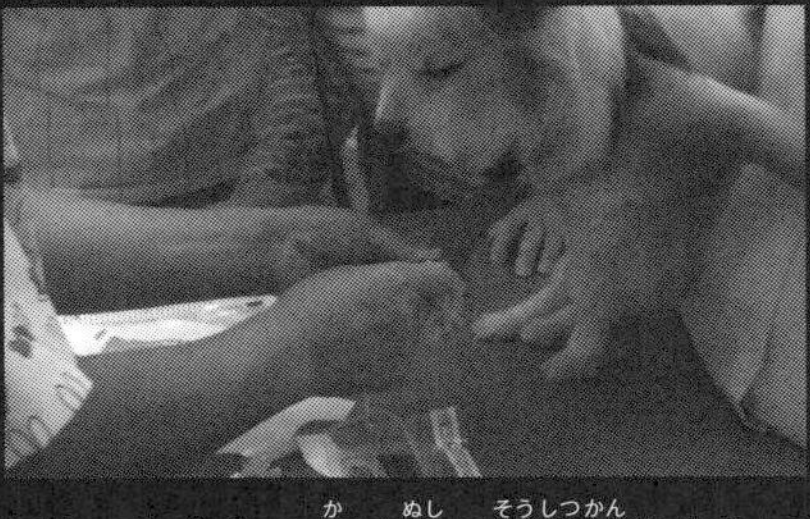

寿命が近い動物の飼い主が、みとるまでののこりの時間をどうすごせばいいのか。蓮岡さんは、ペットが死んでしまったあとの飼い主の喪失感を少しでもやわらげるため、動物と飼い主の最期の時間に寄りそってささえます。

プロフェッショナルの格言

すご腕の獣医師、蓮岡元一さんのことばを心にきざもう。

診断には時間をかけ、治療は最小限に

蓮岡さんがもの言わぬ動物たちを診察するとき、1時間を超えることもめずらしくありません。一方で、治療のやりすぎは動物や飼い主の負担にもつながるため、少しでもへらすことができればと考えています。

精いっぱいやったという思いがささえになる

ペットとのきずなが深ければ深いほど、飼い主の別れの悲しみは深くなります。しかし、できるかぎりの手をつくして向き合うことが、死を受け入れて吹っきれるささえになるはずだと、蓮岡さんは信じています。

全身全霊で力をだしつくす

自らの進むべき道は、飼い主と動物に対してとことん寄りそい、その思いを受け止めることだと気づいた蓮岡さん。これからも自分のできることを考え続けて、診察をおこなっていきます。

NHK

プロフェッショナル

仕事の流儀

■ 執　筆　金田妙
■ 編集協力　株式会社 NHK出版
■ デザイン・レイアウト　有限会社チャダル
■ イラスト　門司美恵子
■ 協　力　みづき助産院、順天堂大学、北海道大学、JICA、JST、AMED、株式会社波の女、蓮岡動物病院
■ 校　正　田川多美恵
■ 編　集　株式会社アルバ
■ カバーイラスト　usi

NHK プロフェッショナル 仕事の流儀 4
命と向きあうプロフェッショナル

発　行　2018 年 4 月　第 1 刷

編　者　NHK「プロフェッショナル」制作班

発行者　長谷川 均
編　集　崎山貴弘
発行所　株式会社ポプラ社
〒160-8565　東京都新宿区大京町 22-1
振　替：00140-3-149271
電　話：03-3357-2212（営業）
03-3357-2635（編集）

ホームページ　www.poplar.co.jp
印刷・製本　中央精版印刷株式会社

N.D.C.916/191 P /20cm　ISBN 978-4-591-15760-2
Printed in Japan